Ich glaube

Jugendbuch
zur Firmvorbereitung

Ich glaube

Jugendbuch zur Firmvorbereitung

Claudia Hofrichter / Elisabeth Färber / Wilfried Vogelmann
Unter Mitarbeit von Cäcilia Riedißer

Kösel

Herausgegeben vom
Institut für Fort- und Weiterbildung
der Kirchlichen Dienste
Diözese Rottenburg-Stuttgart

Verantwortlich für die Neuausgabe 2001:
Claudia Hofrichter

ISBN 3-466-36573-2
© 2001 by Kösel-Verlag GmbH & Co., München
Printed in Germany
Alle Rechte vorbehalten
Druck und Bindung: Kösel, Kempten
Layout: Ilse Weidenbacher, München
Umschlag: Agentur Kosch, München
unter Verwendung eines Fotos von
The Image Bank / David de Lossy

Inhalt

1 Los geht's! 10
   Schritt für Schritt …

2 Ich will frei sein 18
   Ich lebe mein Leben in wachsenden Ringen

3 Angst – die kenne ich auch 26
   Ich brauche mich vor nichts zu fürchten

4 Ich bin getauft 32
   Vom Durst nach Leben

5 Ich glaube an Gott, den Schöpfer 38
   Ich bin kreativ

6 Ich glaube an Jesus Christus 46
   Eines Tages kam einer

7 … gekreuzigt, gestorben und begraben 52
   Leiden, das zum Himmel schreit

8 … auferstanden von den Toten 62
   In der Mitte der Nacht beginnt der neue Tag

9 Miteinander Gottesdienst feiern 68
   Eingeladen zum Fest des Glaubens

10 Ich glaube an den Heiligen Geist 76
Mit Sturm und Feuersgluten

11 Ich glaube an den Heiligen Geist 82
Wenn der Geist sich regt

12 ... die katholische und apostolische Kirche 90
Wir machen unsere Kirche jung

13 ... die Gemeinschaft der Heiligen 98
Wenn der Himmel die Erde berührt

14 ... die Vergebung der Sünden 106
Wieder aufrecht gehen

15 So möchte ich glauben 114
Wenn mein Glaube Hand und Fuss bekommt

16 Das Sakrament der Firmung 120
Sei besiegelt durch die Gabe Gottes, den Heiligen Geist

Quellenverzeichnis 127

Liebe Anne, lieber Stefan!

Ich glaube – so heißt der Titel des Buches.

Ich glaube – sagen wir, wenn wir noch am Suchen sind.

Ich glaube – sagen wir auch, wenn wir Position beziehen.

Auf den Tonfall kommt es an.

Ich glaube – und was glaubst du?

Interessante Erfahrungen auf dem Weg miteinander, in der Firmgruppe, mit den Jugendlichen und den Erwachsenen, die dich begleiten, auf dem Weg der Firmvorbereitung und auf deinem Lebensweg wünschen wir dir.

Dieses Buch greift ganz unterschiedliche Themen auf, über die ihr beim Firmtreff, bei Wochenenden oder Besinnungstagen sprechen könnt. Die Texte, Bilder, Lieder und Impulse wollen euch anregen, besser zu verstehen, was Christsein heute heißen kann. Dass ihr auf diese Weise Christsein als attraktive und sinnvolle Chance für euch selber entdeckt – das wünschen wir euch.

Ein Bild in diesem Buch, die »Friedenstaube« von Picasso (S. 79) ist für uns von zentraler Bedeutung. Picasso hat dieses Bild 1959 im Zusammenhang mit einem politischen Putsch in Spanien gemalt. Noch Jahrzehnte später ist es Symbol der Friedenssehnsucht. Bis heute gilt es als Zeichen des Protests gegen Menschenrechtsverletzungen, Krieg und Unterdrückung. Gleichzeitig ist es ein Symbol für unseren Wunsch nach Freiheit, ohne den Menschsein nicht denkbar ist.

In der »Friedenstaube« sehen wir Hoffnung, den Weg nach vorn in eine menschenwürdige und lebensbejahende Zukunft. Genau das ist auch für die Firmvorbereitung wichtig.

So lässt sich über dieses Bild auch der Titel dieses Buches »Ich glaube« besser verstehen. Mit diesen Worten beginnt das Glaubensbekenntnis der Christen. Es fasst zusammen, woran sich Christen bis heute festmachen, welche Hoffnung sie trägt. Christen finden in ihrem Glauben Antworten auf die Fragen: Was will ich aus meinem Leben machen? Wofür will ich mich einsetzen? Woran will ich mich halten? Was ist mir wichtig? Mit wem trete ich wofür ein? Die Firmvorbereitung und dieses Buch setzen genau hier an.

In euren Gruppentreffen, mit den Jugendlichen und den Frauen und Männern, die euch begleiten, wünschen wir euch auch über dieses Buch viele Entdeckungen, wie ihr heute als Christen leben und als Jugendliche Kirche gestalten könnt. Wir denken, dass ihr nicht nur während der Firmvorbereitung sondern auch für die Zeit danach aus diesen Erfahrungen Kraft bekommt.

Wilfried Vogelmann   Claudia Hofrichter   Cäcilia Riedifer

Elisabeth Forbes

Ich Glaube

ICH GLAUBE, zum Leben gehört mehr als Essen und Trinken, Wohlstand und Gesundheit.
Ich glaube, zum Leben gehört mehr als Lehren und Lernen, Begreifen und Verstehen.
Ich glaube, zum Leben gehört mehr
als Lust und Befriedigung, Erfolg und Glück.

ICH GLAUBE, zum Leben gehört auch
Vertrauen und Hoffen,
Sich-Gedulden und Warten.
Ich glaube, zum Leben gehört auch
Angst und Aufhören von Angst,
Trauer und Aufhören von Trauer.

ICH GLAUBE, zum Leben,
das ich lebe, gehört der,
der mir mein Leben gab:
Gott, ich danke dir!

AMEN.

1 LOS GEHT'S!

Wenn jemand auch sehr viele Freunde hat, so gibt es darunter doch immer einige wenige, die einem ganz besonders nahe stehen und die einem die allerliebsten sind. Und so war es auch bei Momo.

Sie hatte zwei allerbeste Freunde, die beide jeden Tag zu ihr kamen und alles mit ihr teilten, was sie hatten. Der eine war jung, und der andere war alt. Und Momo hätte nicht sagen können, welchen von beiden sie lieber hätte.

Der Alte hieß Beppo Straßenkehrer. In Wirklichkeit hatte er wohl einen anderen Nachnamen, aber da er von Beruf Straßenkehrer war und alle ihn deshalb so nannten, nannte er sich selbst auch so.

Beppo Straßenkehrer wohnte in der Nähe des Amphitheaters in einer Hütte, die er sich aus Ziegelsteinen, Wellblechstücken und Dachpappe selbst zusammengebaut hatte. Er war ungewöhnlich klein und ging obendrein immer ein bisschen gebückt, so dass er Momo nur wenig überragte. Seinen großen Kopf, auf dem ein kurzer weißer Haarschopf in die Höhe stand, hielt er stets etwas schräg, und auf der Nase trug er eine kleine Brille.

Manche Leute waren der Ansicht, Beppo Straßenkehrer sei nicht ganz richtig im Kopf. Das kam daher, dass er auf Fragen nur freundlich lächelte und keine Antwort gab. Er dachte nach. Und wenn er eine Antwort nicht nötig fand, schwieg er. Wenn er aber eine für nötig hielt, dann dachte er über diese Antwort nach. Manchmal dauerte es zwei Stunden, mitunter aber auch einen ganzen Tag, bis er etwas erwiderte. Inzwischen hatte der andere natürlich vergessen, was er gefragt hatte, und Beppos Worte kamen ihm wunderlich vor.

Nur Momo konnte so lange warten und verstand, was er sagte. Sie wusste, dass er sich so viel Zeit nahm, um niemals etwas Unwahres zu sagen. Denn nach seiner Meinung kam alles Unglück der Welt von den vielen Lügen, den absichtlichen, aber auch den unabsichtlichen, die nur aus Eile oder Ungenauigkeit entstehen. Er fuhr jeden Morgen lange vor Tagesanbruch mit seinem alten, quietschenden Fahrrad in die Stadt zu einem großen Gebäude. Dort wartete er in einem Hof zusammen mit seinen Kollegen, bis man ihm einen Besen und einen Karren gab und ihm eine bestimmte Straße zuwies, die er kehren sollte.

Beppo liebte diese Stunden vor Tagesanbruch, wenn die Stadt noch schlief. Und er tat seine Arbeit gern und gründlich. Er wusste, es war eine sehr notwendige Arbeit.

Wenn er so die Straßen kehrte, tat er es langsam, aber stetig: Bei jedem Schritt einen Atemzug und bei jedem Atemzug einen Besenstrich. Schritt – Atemzug – Besenstrich. Schritt – Atemzug – Besenstrich. Dazwischen blieb er manchmal ein

SCHRITT FÜR SCHRITT ...

Weilchen stehen und blickte nachdenklich vor sich hin. Und dann ging es wieder weiter – Schritt – Atemzug – Besenstrich...

Während er sich so dahinbewegte, vor sich die schmutzige Straße und hinter sich die saubere, kamen ihm oft große Gedanken. Aber es waren Gedanken ohne Worte, Gedanken, die sich so schwer mitteilen ließen wie ein bestimmter Duft, an den man sich nur gerade eben noch erinnert, oder wie eine Farbe, von der man geträumt hat. Nach der Arbeit, wenn er bei Momo saß, erklärte er ihr seine großen Gedanken. Und da sie auf ihre besondere Art zuhörte, löste sich seine Zunge, und er fand die richtigen Worte.

»Siehst du, Momo«, sagte er dann zum Beispiel. »Es ist so: Manchmal hat man eine sehr lange Straße vor sich. Man denkt, die ist so schrecklich lang: das kann man niemals schaffen, denkt man.« Er blickte eine Weile schweigend vor sich hin, dann fuhr er fort: »Und dann fängt man an, sich zu eilen. Und man eilt sich immer mehr. Jedes Mal, wenn man aufblickt, sieht man, dass es gar nicht weniger wird, was noch vor einem liegt. Und man strengt sich noch mehr an, man kriegt es mit der Angst, und zum Schluss ist man ganz außer Puste und kann nicht mehr. Und die Straße liegt immer noch vor einem. So darf man es nicht machen.«

Er dachte einige Zeit nach. Dann sprach er weiter: »Man darf nie an die ganze Straße auf einmal denken, verstehst du? Man muss nur an den nächsten Schritt denken, an den nächsten Atemzug, an den nächsten Besenstrich. Und immer wieder nur an den Nächsten.« Wieder hielt er inne und überlegte, ehe er hinzufügte: »Dann macht es Freude; das ist wichtig, dann macht man seine Sache gut. Und so soll es sein.«

Und abermals nach einer langen Pause fuhr er fort: »Auf einmal merkt man, dass man Schritt für Schritt die ganze Straße gemacht hat. Man hat gar nicht gemerkt, wie, und man ist nicht außer Puste.« Er nickte vor sich hin und sagte abschließend: »Das ist wichtig.«

Michael Ende

Überlege,
wann und wo dir die Erfahrung von Beppo helfen könnte:
»Schritt für Schritt ...«

Ich mach Station

T/M: Hans-Kurt Ebert
Aus: Songs für Gott, Heft 6
Rechte: mundorgel verlag gmbh, Köln/Waldbröl

1. Ich mach Station am Weg, auf dem ich geh. Ich halte an, damit ich Freunde seh, die auf der gleichen Straße wie ich gehn. Ich halte an und bleibe bei euch stehn.

2. Ich frage dich: »Wie geht's, wo kommst du her?
Wie heißt dein Ziel, und, Freunde, wer seid ihr?«
Lasst mich ein Stück die Straße mit euch ziehn
und kurze Zeit in eurem Leben stehn.

3. Ich suche Gott, bin unterwegs zu ihm.
Und wenn ihr wollt, könnt ihr auch mit mir gehn.
Gemeinsam finden leichter wir das Ziel.
Gemeinschaft halten ist, was Gott auch will!

4. Ich mach' Station am Weg, auf dem ich geh'.
Ich halte an, damit ich Freunde seh',
die auf der gleichen Straße wie ich gehn.
Ich halte an und möchte euch verstehn.

**Gestalte die gegenüberliegende Seite.
Klebe Fotos von Menschen, die dir wichtig sind, ein:
Freunde und Freundinnen, Schwester, Bruder, Mutter, Vater...
Oder schreibe eine wichtige Begegnung auf.**

Einmal am Tag

Einmal am Tag,
da solltest du
ein Wort in deine Hände nehmen,
ein Wort der Schrift.

Sei vorsichtig,
es ist so schnell erdrückt
und umgeformt,
damit es passt.

Versuch nicht hastig,
es zu »melken«, zu erpressen,
damit es Frömmigkeit absondert.

Betaste das Wort von allen Seiten,
dann halt es in die Sonne
und leg es an das Ohr
wie eine Muschel.

Sei einfach einmal still.
Das Schweigen, Hören, Staunen
ist bereits Gebet
und Anfang aller Wissenschaft
und Liebe.

Steck es für einen Tag
wie einen Schlüssel
in die Tasche,
wie einen Schlüssel zu dir selbst.

Fang heute an!
Vielleicht damit:
»Der Mensch
lebt nicht
vom Brot allein.«

Paul Roth

Moment mal

Wähle aus den nebenstehenden »**Schlüsselworten**« eines aus, schreibe es auf.

Stecke es für eine Woche wie einen Schlüssel in die Tasche.

Sei aufmerksam für das, was dieses Wort dir sagen kann.

Welches Wort möchtest du per SMS an wen schicken? Klick eines an!

Worte wie Schlüssel

Was du nicht willst, das man dir tut,
das füg auch keinem andern zu.
(Tobit 4,16)

Hochmut kommt vor dem Fall.
(Sprüche 16,18)

Der Mensch lebt nicht vom Brot allein.
(Deuteronomium 8,3)

Es ist nicht gut,
dass der Mensch allein lebt.
(Genesis 2,18)

Ich vergesse, was hinter mir liegt,
und strecke mich aus
nach dem, was vor mir ist.
(Philipper 3,13)

Ohne Ratgeber sind Pläne
zum Scheitern verurteilt.
(Sprüche 15,22)

Hast du einen Freund,
plaudere von ihm nichts aus,
sonst wird sich jeder,
der dich hört, vor dir hüten.
(Jesus Sirach 22,26)

Wer andern eine Grube gräbt,
fällt selbst hinein.
(Psalm 57,7)

SMS für Freunde

Fünf Vorsätze für jeden Tag:

Ich will bei der Wahrheit bleiben.
Ich will mich keiner Ungerechtigkeit beugen.
Ich will frei sein von Furcht.
Ich will keine Gewalt anwenden.
Ich will in jedem zuerst das Gute sehen.
(Mahatma Gandhi)

Ich werde morgens wach ...

Schön,
wie die Sonne
durch die Wolken spickelt,
als sei sie
gespannt auf den Tag!

Weiß nicht recht, Gott –
Seh ich schon klar?
Bin ich noch müde?
Bin ich ganz da?

Und bin ich
neugierig auf diesen Tag?

Jung ist der Tag
und atmet deine Fülle.
Ich bin dabei.

Es gibt etwas zu entdecken,
es steht etwas aus!

Danke dir Gott.

Michael Lipps

2 ICH WILL FREI SEIN

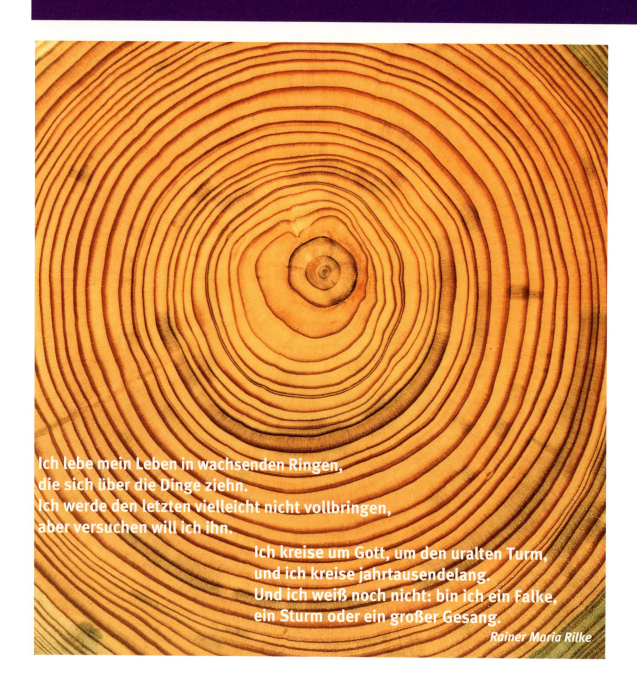

Ich lebe mein Leben in wachsenden Ringen,
die sich über die Dinge ziehn.
Ich werde den letzten vielleicht nicht vollbringen,
aber versuchen will ich ihn.

Ich kreise um Gott, um den uralten Turm,
und ich kreise jahrtausendelang.
Und ich weiß noch nicht: bin ich ein Falke,
ein Sturm oder ein großer Gesang.

Rainer Maria Rilke

ICH LEBE MEIN LEBEN IN WACHSENDEN RINGEN

Zeichne für jedes **deiner Lebensjahre** einen Jahresring.
An welche Ereignisse erinnerst du dich dabei?

Alles nur Show

Ich glaube, ich bin total bescheuert. Ganz frisch kann ich jedenfalls nicht sein. Jetzt hocke ich hier, habe Gewissensbisse. Zoff mit den Eltern, bin mies drauf und alles nur wegen dieser doofen Disco-Tour gestern Abend, zu der ich von Anfang an keine Lust hatte und die mir obendrein noch null Spaß gemacht hat. Aber es war eben wieder mal wie es immer ist. Eigentlich wollte ich nur kurz bei Anna vorbeischauen. Ich hatte fest vor, bis acht, spätestens neun Uhr zu Hause zu sein, denn schließlich hatte ich den Eltern versprochen, dass ich heute früh mit ihnen zu Oma fahren würde, um in großer Familienrunde ihren Geburtstag zu feiern.

Bei Anna fing's dann schon an: Anstatt zu sagen, dass ich wegen der Fahrt zu Oma (ich hatte mich richtig darauf gefreut) nicht weggehen wollte, spielte ich das arme Opfer. Nach dem Motto: Meine Oldies wollten einen auf Familie machen, und ich müsste mit, sonst gäbe es Stunk. Anna hat mich richtig bedauert, dabei hätte sie es bestimmt auch okay gefunden, wenn ich ihr gesagt hätte, wie es war.

Wenn ich nur wüsste, warum ich solchen Blödsinn erzähle? Es sprudelt einfach nur so aus mir heraus. Eigentlich auch ganz schön unfair Papa und Mama gegenüber, die mich sicher nicht zu irgendetwas zwingen würden, ohne wenigstens meine Argumente anzuhören.

Ich könnte mich in den Hintern beißen, wenn ich an diesen Schwachsinn denke, den ich verzapft habe. Andererseits, wenn's dabei geblieben wäre, wär's ja noch nicht so tragisch. Aber während ich mich von Anna bemitleiden ließ, kamen Siggi, Thea, Uwe und Benno vorbei. Und dann ging's los: »Mensch Lisa, komm doch wenigstens auf einen Sprung mit«. »Ach die Kleine muss ins Bettchen, damit sie vor Omama ihr Verslein hinkriegt.« Dummes Gelaber eben, bei dem ich ja auch schon oft mitgemacht habe.

Jedenfalls habe ich mich natürlich breitschlagen lassen und bin mitgegangen. Immer noch mit dem Vorsatz, mich bald zu verdrücken. Als wir dann von der Disco in die Pizzeria und von dort wieder in die Disco zogen, war ich zwar schon ziemlich genervt, aber »ich gehe jetzt heim« habe ich auch nicht über die Lippen gebracht. Wenn ich nur wüsste warum? An der Clique kann es nicht liegen. Die Leute sind doch in Ordnung. Es gibt keinen Grund, vor ihnen eine Show abzuziehen. Aber genau das habe ich gemacht. Irgendwann habe ich wieder die ganz Coole gespielt, der eh schon alles egal ist. Weil es dann spät wurde, bin ich heute nicht aus dem Bett gekommen, die Family ist ohne mich gefahren, und ich kotz mich wieder mal im Tagebuch aus.

Es ist echt verrückt. Ich weiß eigentlich ganz genau, was ich will, tue aber oft das Gegenteil. Ist ja auch ziemlich idiotisch, wenn ich mir von Thea irgend so einen Fummel aufschwatzen lasse, den ich gar nicht so toll finde und der dann hinterher nur im Schrank hängt. Oder wenn ich selbst meinen besten Freunden erzähle, dass mich dieser oder jener Typ überhaupt nicht interessiert, ich in Wirklichkeit aber in ihn verknallt bin. Bei Christian war das so. Vielleicht war er deshalb plötzlich so abweisend, weil er von irgendjemandem erfahren hatte, dass mir nichts an ihm läge? Mist ist das! Ich benehme mich wie eine dumme Gans und kann mich deshalb selbst schon nicht mehr ausstehen.

»Ich lade sie auf einen Cappucino ein ...«

»Beim Tanzen kann ich sie endlich mal fest an mich drücken«.

»Sie hat so schöne Augen ...«

»Ich habe schon wieder ganz weiche Knie«.

»Man sieht es mir sicher wieder an: Ich bin total rot geworden«.

»Ich schicke ihm heute Abend noch eine SMS«.

»Ich mache mich jetzt einfach an ihn ran«.

»Ich bin total verliebt«.

»Ob sie mit mir ins Kino geht?«

Schmetterlinge im Bauch

Kennst du das Gefühl – dieses Kribbeln im Bauch?
Du bist total verliebt und kannst an nichts anderes mehr denken.
Dein Herz schlägt dir bis zum Hals.
Du überlegst: Bin ich ihm schon aufgefallen? Bin ich überhaupt sein Typ?
Du hältst es kaum noch aus, sie wieder zu sehen.
Die Zeit vergeht wie im Flug, wenn du mit ihm zusammen bist.

Zwei Jugendliche erzählen:

14 Jahre:
»Meine beste Freundin hat mich zu ihrer Party eingeladen. Es gab Getränke und Knabbereien und auch gute Musik. Aber es kommt keine rechte Stimmung auf. Die meisten Partygäste interessieren mich nicht besonders. Einer der Jungs ist mir aufgefallen. Den fand ich total cool. Der schien sich auch ziemlich zu langweilen. Den wollte ich kennen lernen. Mit einer Tüte Chips hab ich mich neben ihn gesetzt und gewartet, ob er mich wohl ansprechen wird ...«

15 Jahre:
»In meiner Klasse ist ein Mädchen, in das ich total verknallt bin. Sie ist genau mein Typ, hat dunkle Haare und wunderschöne Augen. Sie sitzt ein paar Reihen vor mir. Ich verpasse immer mehr vom Unterricht, weil ich sie dauernd ansehen muss und von ihr träume. Die anderen machen schon blöde Witze. Das nervt mich total. Ich versuche, mir nichts anmerken zu lassen ...«

**Wie gehen deiner Vorstellung nach diese Geschichten weiter?
Was vermutest du? Mit wem kannst du am besten über das
Thema »Liebe« reden?**

DER ADLER

Ein Mann ging in einen Wald, um nach einem Vogel zu suchen, den er mit nach Hause nehmen konnte. Er fing einen jungen Adler, brachte ihn heim und steckte ihn in den Hühnerhof zu den Hennen, Enten und Truthühnern. Und er gab ihm Hühnerfutter zu fressen, obwohl er ein Adler war, der König der Vögel.

Nach fünf Jahren erhielt der Mann den Besuch eines naturkundigen Mannes. Und als sie miteinander durch den Garten gingen, sagte er: »Dieser Vogel dort ist kein Huhn, er ist ein Adler.«

»Ja«, sagte der Mann, »das stimmt. Aber ich habe ihn zu einem Huhn erzogen. Er ist jetzt kein Adler mehr, sondern ein Huhn, auch wenn seine Flügel drei Meter breit sind.«

»Nein«, sagte der andere. »Er ist immer noch ein Adler, denn er hat das Herz eines Adlers, und das wird ihn hoch hinauffliegen lassen in die Lüfte.« »Nein, nein«, sagte der Mann, »er ist jetzt ein richtiges Huhn und wird niemals fliegen.«

Darauf beschlossen sie, eine Probe zu machen.

Der naturkundige Mann nahm den Adler, hob ihn in die Höhe und sagte beschwörend: »Der du ein Adler bist, der du dem Himmel gehörst und nicht dieser Erde: breite deine Schwingen aus und fliege!«

Der Adler saß auf der hoch gestreckten Faust und blickte um sich. Hinter sich sah er die Hühner nach ihren Körnern picken, und er sprang zu ihnen hinunter.

Der Mann sagte: »Ich habe dir gesagt, er ist ein Huhn.« »Nein«, sagte der andere, »er ist ein Adler. Versuche es morgen noch einmal.«

Am anderen Tag stieg er mit dem Adler auf das Dach des Hauses, hob ihn empor und sagte: »Adler, der du ein Adler bist, breite deine Schwingen aus und fliege!«

Aber als der Adler wieder die scharrenden Hühner im Hofe erblickte, sprang er abermals zu ihnen hinunter und scharrte mit ihnen.

Da sagte der Mann wieder: »Ich habe dir gesagt, er ist ein Huhn.«

»Nein«, sagte der andere, »er ist ein Adler, und er hat noch immer das Herz eines Adlers. Lass es uns noch ein einziges Mal versuchen; morgen werde ich ihn fliegen lassen.«

Am nächsten Morgen erhob er sich früh, nahm den Adler und brachte ihn hinaus aus der Stadt, weit weg von den Häusern an den Fuß eines hohen Berges. Die Sonne stieg gerade auf, sie vergoldete den Gipfel des Berges, jede Zinne erstrahlte in der Freude eines wundervollen Morgens. Er hob den Adler und sagte zu ihm: »Adler, du bist ein Adler. Du gehörst dem Himmel und nicht dieser Erde. Breite deine Schwingen aus und fliege!«

Der Adler blickte umher, zitterte, als erfüllte ihn neues Leben – aber er flog nicht.

Da ließ ihn der naturkundige Mann direkt in die Sonne schauen. Und plötzlich breitete er seine gewaltigen Flügel aus, erhob sich mit dem Schrei eines Adlers, flog höher und höher und kehrte nie wieder zurück.

Er war ein Adler, obwohl er wie ein Huhn aufgezogen und gezähmt worden war.

James Aggrey

3 ANGST – DIE KENNE ICH AUCH

Es war am 8. April 1945, dem Sonntag nach Ostern, als der KZ-Häftling Dietrich Bonhoeffer auf Wunsch seiner Mitgefangenen einen Gottesdienst hielt.

Als Bonhoeffer den Gottesdienst in einem zweiten Gefangenenraum wiederholen sollte, öffnete sich die Tür, und alle vernahmen mit Entsetzen: »Gefangener Bonhoeffer, fertig machen und mitkommen!«

Bonhoeffer verabschiedete sich von seinen Leidensgenossen mit den Worten: »Das ist das Ende – für mich der Beginn des Lebens.«

Am nächsten Morgen wurde der Theologe und Widerstandskämpfer Dietrich Bonhoeffer hingerichtet.

Ich glaube,
dass Gott aus allem, auch aus dem Bösesten,
Gutes entstehen lassen kann und will.
Dafür braucht er Menschen,
die sich alle Dinge zum Besten dienen lassen.

Ich glaube,
dass Gott uns in jeder Notlage
soviel Widerstandskraft geben will,
wie wir brauchen.
Aber er gibt sie nicht im Voraus,
damit wir uns nicht auf uns selbst,
sondern allein auf ihn verlassen.
In solchem Glauben müsste alle Angst
vor der Zukunft überwunden sein.

Ich glaube,
dass auch unsere Fehler
und Irrtümer nicht vergeblich sind,
und dass es Gott nicht schwerer ist,
mit ihnen fertig zu werden,
als mit unseren vermeintlichen Guttaten.

Ich glaube,
dass Gott kein zeitloses Schicksal ist,
sondern dass er auf aufrichtige Gebete und
verantwortliche Taten wartet und antwortet.

Dietrich Bonhoeffer

Ich brauche mich vor nichts zu fürchten

T: Dietrich Bonhoeffer. © Gütersloher Verlagshaus / Chr. Kaiser Verlag, Gütersloh
M: Siegfried Fietz © ABAKUS Musik Barbara Fietz, 35753 Greifenstein

Von guten Mächten treu und still umgeben, behütet und getröstet wunderbar, so will ich diese Tage mit euch leben und mit euch gehen in ein neues Jahr. Von guten Mächten wunderbar geborgen, erwarten wir getrost, was kommen mag. Gott ist mit uns am Abend und am Morgen und ganz gewiss an jedem neuen Tag.

2. Noch will das Alte unsre Herzen quälen,
noch drückt uns böser Tage schwere Last,
ach, Herr, gib unsern aufgescheuchten Seelen
das Heil, für das du uns bereitet hast. Von guten ...

3. Und reichst du uns den schweren Kelch, den bittern,
des Leids, gefüllt bis an den höchsten Rand,
so nehmen wir ihn dankbar ohne Zittern aus deiner
guten und geliebten Hand. Von guten ...

4. Doch willst du uns noch einmal Freude schenken
an dieser Welt und ihrer Sonne Glanz,
dann wolln wir des Vergangenen gedenken,
und dann gehört dir unser Leben ganz. Von guten ...

5. Lass warm und still die Kerzen heute flammen,
die du in unsre Dunkelheit gebracht,
führ, wenn es sein kann, wieder uns zusammen.
Wir wissen es, dein Licht scheint in der Nacht ...

6. Wenn sich die Stille nun tief um uns breitet,
so lass uns hören jenen vollen Klang
der Welt, die unsichtbar sich um uns weitet,
all deiner Kinder hohen Lobgesang. Von guten ...

Stürmische Zeiten

Der Wind weht durch die Haare. Du schmeckst das salzige frische Wasser, die salzige Luft. Du wirst ganz benommen ...
Die Wellen rauschen, sie locken dich an ...
Das Meer ist faszinierend, geheimnisvoll – abenteuerlich.
Durch brechende Wogen hindurchtauchen.
Auf Wellenkämmen reiten.
Den eigenen Körper spüren.
Leben einatmen.
Lust und Risiko. Unberechenbar ist das Meer.

Kennst du das Meer?

Was tun bei rauer See, bei Sturm und Wind?

Das Meer, der Gang der Wellen ist ein Bild für das Leben.
Manchmal rauer Wellengang, manchmal ruhige See.

Wie gehe ich mit der Angst um, die mich immer wieder befällt?
Woran kann ich mich orientieren?
Wo finde ich Halt?

Jugendliche erzählen:

»Mein Freund hatte schon zwei schwere Unfälle. Jedes Mal blieb er fast unverletzt, während das Auto Totalschaden hatte. Er sagte, dass er dieses Glück seinem Kreuzchen verdankt, das er um den Hals trägt. In letzter Zeit nimmt er das Kreuzchen sogar in den Mund, wenn er schnell fährt.«

»Ich habe mir selbst schon oft die Karten gelegt und wenn ich mir etwas wünschte, ging das meistens in Erfüllung. Ich wollte mal mit einem Jungen gehen, den ich nur vom Sehen kannte. Und als die Karten sagten, dass es auf einer Party hinhauen würde, ist das tatsächlich eingetroffen. Man muss das Ganze schon ernst nehmen und sollte es nicht als Spiel bezeichnen.«

»Ich schaff den Druck nicht mehr. Alle zerren und wollen etwas – da die Schule, hier die Eltern. Und überhaupt: Wozu der Stress? Wer weiß, wie alles weitergeht? Ich geb zu, vergessen kann ich mit 'nem Bier und einer Zigarette bei Freunden.«

»Die Jünger fuhren bei Nacht über den wilden See.
Die Wellen schlugen ins schlingernde Boot.
Jesus aber kam auf sie zu, stieg ins Boot und brachte den Sturm zur Ruhe.«
Vgl. Markus 6,45–52.

Gott,
**Du bist die Kraft,
aus der alles kommt.
Mach mich frei von meinen Ängsten,
von meiner Unruhe und Nervosität,
von meiner Spannung.
Erfrische mich, schenke mir Orientierung
und Halt bei dir.
Du bist die Kraft meines Lebens.**

Moment mal

Kennst du ähnliche Situationen?
Was gibt dir Halt?
Wen fragst du, was ihr/ihm in schlechten Zeiten **Halt** *gibt?*

Mein Lebensmobile ausbalancieren

Mir brummte der Schädel. »Die ganze Nacht kaum ein Auge zugemacht«, stöhnte ich und stieß das Kopfkissen aus dem Bett. Es tat einen dumpfen Schlag. Das kam von dem Stein, der darin lag.

Es war nicht irgendein gewöhnlicher Stein, nein, das war mein Problem-Stein. Und der entstand immer so: Abends vor dem Schlafengehen nahm ich mein Tages-Problem fest in beide Hände, spuckte dreimal darauf, zerrieb alles zu einem Brei, formte einen Kloß daraus, der im Nu hart wurde wie ein Stein. Den versteckte ich dann in meinem Kopfkissen, um einmal darüber zu schlafen.

Manchmal war mein Problem-Stein am nächsten Morgen tatsächlich verschwunden, hatte sich einfach aufgelöst.

Aber meistens drückte er mich so sehr, dass ich nicht richtig einschlafen konnte. Ich wälzte mich im Bett hin und her und stieß mir dauernd den Kopf an diesem harten Brocken.

Eine solche Nacht hatte ich wieder einmal hinter mir. Ich saß auf der Bettkante und schwor mir wieder mal: »Das muss aufhören mit dem verrückten Stein. Von jetzt an werde ich das Problem an dem Tag anpacken, an dem es mich bedrängt.«

Ich knipste das Licht an und schimpfte weiter: »Die Idee mit dem Überschlafen ist wohl überholt. Einen Knoten löse ich ja auch nicht dadurch, dass ich ihn einfach liegen lasse.«

Da krächzte jemand: »Stimmt, mein Lieber. Aber sieh mich an – was glaubst du wohl, wie ich aussähe, wenn jeder wild entschlossen an mir herumzerren würde?«

Die Stimme kam anscheinend aus dem Mobile, das an der Lampe baumelte. Jetzt, als ich die Fäden sah, die sich zu einem Knäuel verheddert hatten, erkannte ich auch mittendrin den Knotenpunkt, der entrüstet weiter zeterte: »Mit Schrecken denke ich an das Schicksal meines gordischen Ur-Ahnen. Und wenn es schon sein muss, dann lass dir gesagt sein: Einen Knoten kann man vielleicht kurz entschlossen durchhauen – Probleme aber lassen sich so nicht lösen.« Ich stieß mit dem Fuß nach meinem Problem-Stein und fragte ärgerlich: »Welche Lösung schlägt der Herr Knotenpunkt denn vor?«

Er drehte sich zu mir her und sagte schon viel freundlicher: »Keine, auf die du nicht selber kommen kannst. Du musst nur dir selbst zuhören, in dich hineinhören. Dein Bauch kennt manche Antwort, von der dein Kopf nichts weiß.«

Ich schaute wieder zu dem Mobile. Mich störte, dass es so schief an der Lampe hing. Mit einem Ruck schlug ich die Bettdecke zurück. Der Wind brachte alles noch mehr aus dem Gleichgewicht.

Ich begann, die Fäden neu zu ordnen und den Knotenpunkt hin- und herzuschieben. Das schien ihm zu gefallen. Freudestrahlend erklärte er: »Wenn das Mobile nicht mehr im Gleichgewicht hängt, musst du nicht unbedingt das verschobene Gewicht dahin zurückschieben, wo es vorher war. Das Gleichgewicht lässt sich auch wiederherstellen, wenn du irgendwo ansetzt und die anderen Gewichte verschiebst. So kannst du das ganze Mobile neu ausbalancieren.«

*Mache dieses Mobile zu **deinem Mobile**. **Ergänze** die Aufschriften der Anhänger!*

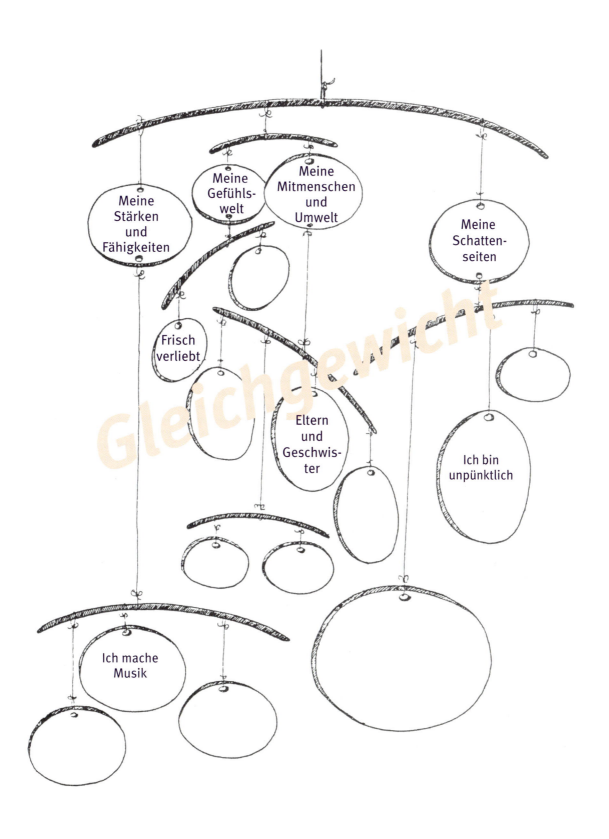

4 ICH BIN GETAUFT

VOM DURST NACH LEBEN

Wenn du als Baby getauft worden bist,
dann bist du den Weg zur Taufe getragen worden.
Wenn du älter bist, gehst du ihn selbst.
Immer liegt vor der Taufe ein Weg,
ein Aufbruch, ein Entschluss,
die Einladung zu einem neuen Leben anzunehmen.
Sage nicht, das sei alles nur Tradition,
und du seist nur deshalb getauft worden,
weil es bei deinen Eltern und Großeltern ebenso geschah.
Auf deinen Weg hat dich Gott selber gerufen:
Er wendet sich dir zu und sieht dich an.
Deinen Weg gehst du mit denen,
die vor dir und nach dir getauft wurden.
Dein Weg verbindet dich mit vielen.
Es ist kein einsamer Weg.
Du gehst ihn in der Gemeinschaft
mit vielen anderen Christen und in der weltweiten Kirche.

Bei der **Taufe** bekommen wir ein Wort der Bibel zugesagt:
den **Taufspruch**.
Er soll **unseren Lebensweg** begleiten.
Wie heißt dein Taufspruch?
Wenn du ihn nicht kennst oder keinen hast,
wähle dir selber ein Wort der Bibel.

Mein Name

Als ich vierzehn war, habe ich meine Unterschrift geübt. Mein Name sollte schön und schwungvoll aussehen. Er sollte interessant wirken, wie das Autogramm eines Stars. Ich probierte so lange, bis mir mein Namenszug gefiel. Ich probierte zu Hause, wenn die Hausaufgaben nicht laufen wollten. Ich probierte während der Schulstunden, wenn ich mich langweilte. Mein Name, der sollte mir und den anderen unbedingt gefallen.

Als ich meine Eltern nach der Bedeutung meines Namens fragte, haben sie mir viel über die Groß- und Urgroßeltern erzählt. Ihnen verdanke ich zum Teil meine Vornamen. Im Lexikon habe ich auch einiges über meinen Namen erfahren, vor allem über berühmte Namensvettern. Es ist aber auch interessant, mit den Eltern über den Namen zu reden: Weshalb habt ihr mir gerade diesen Namen gegeben? Habt ihr jemanden mit dem Namen gekannt, den ihr mir gegeben habt? Wolltet ihr, dass diese Menschen und ihre Qualitäten mich prägen?

Auch Gott kennt meinen Namen: »Ich habe dich bei deinem Namen gerufen, mein bist du« (Jesaja 43,1).

Wenn ich mich mit meinem Namen bechäftige, dann merke ich, dass er ein wichtiges Stück von mir ist, dass er zu mir gehört.

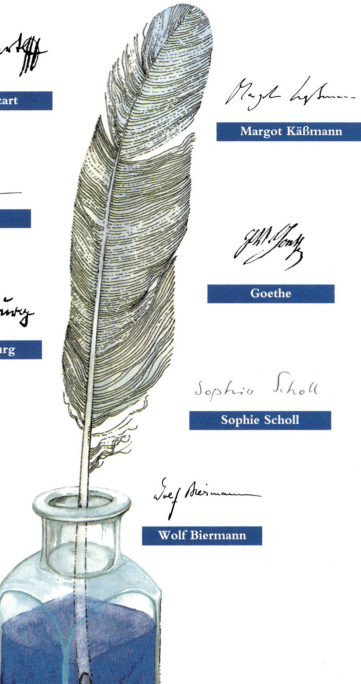

Gandhi

Mozart

Margot Käßmann

Picasso

Mutter Teresa

Goethe

Rosa Luxemburg

Sophie Scholl

Wolf Biermann

Auf dieser Seite findest du die Unterschriften **berühmter Männer und Frauen.**

Reihe dich ein *und setze deine Unterschrift dazwischen.*

Bitte auch deine **Familie, Freunde, Freundinnen um ein Autogramm**

Auf die Sinne hören

Wer Ohren hat zu hören, der höre:
auf die lauten und leisen Geräusche,
auf Worte und Töne,
auf Stimmen,
auf sich selber.

Wer Augen hat zu sehen, der sehe:
Farben und Formen,
Bewegungen und Gestalten,
Details und das Ganze,
hinter die Kulissen
in das Herz der Menschen.

Wer eine Nase hat, der rieche:
Wohlgerüche und wo etwas faul ist,
was zum Himmel stinkt
und wo ausgemistet werden muss.

Wer eine Zunge hat, der schmecke:
Süßes und Herbes,
Zartes und Bitteres,
Abgeschmacktes und Geschmackloses
und suche nach gutem Geschmack.

Wer von Haut umgeben ist, der spüre:
Wärme und Kälte,
Berührung und Schmerz,
Angenehmes und Unangenehmes,
Luft und Wasser,
Hände und Haut der anderen.

Jutta Schnitzler-Forster

Du bist Du

T/M: Paul Janz / Deutsch: Jürgen Werth / Originaltitel: I Got You
© Paragon Music Corp. / Rechte für Europa: Universal Songs, Holland. Used per permission.
Anfragen an: CopyCare Deutschland. D-71087 Holzgerlingen

2. Vergiss es nie: Niemand denkt und fühlt und handelt
so wie du, und niemand lächelt, so wie du's grad tust.
Vergiss es nie: Niemand sieht den Himmel ganz genau
wie du, und niemand hat je, was du weißt, gewusst.
Du bist gewollt ...

3. Vergiss es nie: Dein Gesicht hat niemand sonst
auf dieser Welt, und solche Augen hast alleine du.
Vergiss es nie: Du bist reich, egal ob mit, ob ohne
Geld, denn du kannst leben, niemand lebt wie du.
Du bist gewollt ...

5 ICH GLAUBE AN GOTT, DEN SCHÖPFER

Und Gott wollte den Menschen,
ein sichtbares Bild seiner Herrschaft
auf Erden.
Nicht als einen Sklaven ohne Ich wollte er ihn,
sondern frei,
nicht als Marionette,
sondern als bündnisfähigen Partner.
Und Gott beschenkte den Menschen
mit Intelligenz und eigenem Willen,
mit Fantasie und Gefühlen,
mit Selbstvertrauen und Tatkraft
und mit der Fähigkeit zur Liebe.

Und Gott ließ die Menschheit werden
über millionen Jahre hinweg.
Aus niederen Stufen stieg auf
das Menschenwesen
mit höher entwickeltem Gehirn
und mit erwachendem Bewusstsein.
Und Gott ließ den Menschen aufwachsen
im Dunkel undurchdringbarer Vorgeschichte
aus den Vormenschen, Halbaffenmenschen,
aus Lebewesen, die ihren Gang aufrichteten.
Aus Urwäldern, aus dem Dschungel kamen sie
und drangen vor in die Savannen,
in offene Landschaften,
mit ersten Werkzeugen und Waffen.
In Gruppen lebten sie – füreinander,
und gaben sich Schutz und Hilfe.

So wurde der Mensch ein Ebenbild Gottes.
Und Gott verlieh ihm die Gabe,
Laute zu bilden und Worte zu formen,
Begriffe zu ersinnen und Namen zu geben,
um seine Erfahrungen auszuwerten.
Und Gott schenkte dem Menschen
das Vermögen, sich mitzuteilen,
einem anderen zuzuhören
und ihn zu verstehen.

So schuf Gott den Menschen –
ein offenes, entwicklungsfähiges Wesen
in der Gemeinschaft,
begabt, die Natur zu beobachten,
ihre Gesetze zu erkennen
und sich dienstbar zu machen.
Und der Mensch wurde ein Partner Gottes,
frei zu verantwortlichem Leben, geschaffen,
Gottes Größe und Liebe zu erahnen,
seine Stimme zu vernehmen
und ihn zu erkennen im Glauben.

Manfred Fischer

Gott sprach: Lasst uns Menschen machen als unser Abbild, uns ähnlich. Sie sollen herrschen über die Fische des Meeres, über die Vögel des Himmels, über das Vieh, über die ganze Erde und über die Kriechtiere auf dem Land. Gott schuf also den Menschen als sein Abbild; als Abbild Gottes schuf er ihn. Als Mann und Frau schuf er sie.

Genesis 1,26–27

Gott, der Herr, nahm also den Menschen und setzte ihn in den Garten von Eden, damit er ihn bebaue und hüte.

Genesis 2,15

ICH BIN KREATIV

Origami –
aus Papier entsteht ein Tier

Origami ist mehr als eine besondere Kunst, Papier zu falten. Um in einem glatten Blatt Papier eine mögliche Gestalt zu erahnen und diese zu falten, dazu braucht es schöpferische Energie. Sei kreativ, mach etwas aus einem quadratischen Blatt. Vielleicht diesen Vogel:

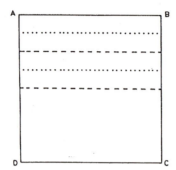

Zickzack-Faltung wie abgebildet:
Talfalten (gestrichelt); Bergfalten (punktiert).

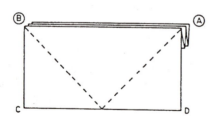

Ecken C und D zur Mitte hochklappen (Talfalte)

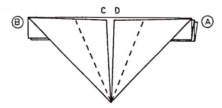

Ecken C und D nach außen klappen. Die entstehende Talfalte (gestrichelt) bildet die Bruchlinie, wenn anschließend A und B nach innen gefaltet werden.

Zusammenklappen: Talfalte im Mittelbruch

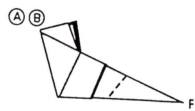

Spitze F seitlich hochfalten (Skizze gestrichelt), damit die Bruchlinie für die Gegenbruchfalte vorgeprägt wird. Anschließend Spitze F in die Ausgangsposition zurückbringen, in Gegenbruchfalte nach oben klappen.

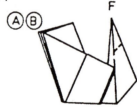

Die Kopffalte ebenfalls durch seitliches Umklappen von F vorprägen. Durch Gegenbruchfalte den Kopf formen.

Den Schwanz fächerförmig aufziehen.

Der Allzu-Bekannte

*Wie viele Namen hast du
eigentlich, Gott?
Und welcher ist der richtige?
Soll ich dich Vater nennen?
Väter können Tyrannen sein.
Soll ich dich Herr nennen?
Herren können Despoten sein,
die Sklaven regieren.
Soll ich dich König nennen?
Aber was sind Könige heute noch:
Staatssymbole mit keep smiling
für Illustrierte!*

*Ich weiß, ich weiß,
alle diese Namen sind nur Chiffren,
sind Hilfswörter für Unbegreifliches,
Unaussprechbares.
Sie sagen etwas von dir, über dich.
Sie sagen noch mehr über uns
und unsere Vorstellung von dir.*

*Es gibt keinen Namen für dich,
der alles sagt,
für alle Zeit, für jeden.
Weil nicht alles gesagt werden kann,
weil jede Zeit und jeder Mensch
dich und deinen Namen neu finden muss.*

*Doch ich muss mit dir reden,
will dich ansprechen mit einem Namen.
Die alten sind mir fremd geworden.
Und ohne Namen, fürchte ich,
bist du mir fremd
wie die Stimme am Telefon,
die »Hallo« ruft.*

Paul Roth

Im Islam gibt es die Praxis, **Allah** mit 100 Namen anzureden. 99 Namen sind formuliert. Der 100. Name gilt als unsagbar.

Auf den Seiten 43 und 45 findest du Anreden für **Gott**.

Welcher Name spricht dich an, welcher gefällt dir überhaupt nicht? Du kannst auch die weibliche Form der Namen verwenden. Probier's mal.

Welche Namen würdest du ergänzen?

Die 99 schönsten Namen Gottes im Islam

Der Erbarmer/ der Barmherzige/ der König/ der Heilige/ der Friede ist/ der Treue/ der wache Berater/ der Mächtige und Prächtige/ der ganz Starke/ der Großartige/ der Hervorbringer/ der Gestaltende/ der Schöpfer/ der stets Vergebende/ der in allem Vorherrschende/ der stets Gebende/ der Verteiler (aller Güter)/ der Öffnende und Offenbarende/ der Allweise/ der beengt/ der weitet (das Leben und die Brust der Diener)/ der erniedrigt/ der zu Würden erhebt/ der Ehren und Macht verleiht/ der demütigt/ der Allhörende/ der Allsehende/ der Richter/ der vollkommen Gerechte/ der Wohlwollende/ der Kluge, Verstehende/ der Gütige/ der Herrliche, Mächtige/ der Vergebende/ der Dankbarkeit beantwortet/ der Hohe/ der Große/ der starke Bewahrer/ der Ernährende/ der Rechenschaft fordert/ der Majestätische, der Großmütige/ der genaue Beobachter/ der gütig Erhörende (der die Gebete erhört)/ der Allgegenwärtige/ der Allweise/ der Allerliebevollste/ der Glorreiche/ der aus dem Tod zum Leben ruft/ der Zeuge/ der Wahre/ die Wahrheit/ der alles mit Vollmacht tut/ der Starke/ der unerschütterlich Zuverlässige/ der Freund und Beschützer/ der Preiswürdige/ der Aufzeichner allen Geschehens/ der den Anfang setzt/ der Leben aus dem Tod zurückbringt/ der Leben schenkt/ der Lenker des Todes/ der Lebendige/ der in sich selbst Bestehende/ der Finder/ der Verherrlichte/ der Eine und Einzige/ der Ewige/ der Mächtige/ der Bestimmende/ der näher bringt/ der aufhält/ der Erste/ der Letzte/ der Sichtbare/ der Verborgene/ der Herrschende/ der Erhabene/ der gerechte Wohltäter/ der Reue annimmt und zu ihr führt/ der Rächer (der die Ungehorsamen züchtigt)/ der Nachsichtige (der die Sünden auslöscht)/ der Nachsichtige, Freundliche/ der König aller Königreiche/ der Herr der Majestät und Freigiebigkeit/ der jedem Gerechtigkeit gibt/ der Versammler/ der sich selbst Genügende/ der Reichmachende/ der Geber/ der Zurückhaltende/ der Heimsuchungen schickt/ der Förderung schenkt/ das Licht/ der Führer und Leiter/ der Unvergleichliche/ der Ewige ohne Ende/ der Erbende/ der auf den geraden Weg führt/ der Allergeduldigste

Er ist doch mein Vater

Hoch über dem Marktplatz einer kleinen Stadt hatte ein Seiltänzer sein Seil gespannt und machte dort oben unter den staunenden Blicken vieler Zuschauer seine gefährlichen Kunststücke. Gegen Ende der Vorstellung holte er eine Schubkarre hervor und fragte einen der Anwesenden: »Sagen sie, trauen sie mir zu, dass ich die Karre über das Seil schiebe?« – »Aber gewiss«, antwortete der Gefragte fröhlich, und auch mehrere andere der Umstehenden stimmten der Frage sofort zu. »Würden sie sich dann meiner Geschicklichkeit anvertrauen, sich in die Karre setzen und von mir über das Seil fahren lassen?«, fragte der Schausteller weiter. Da wurden die Mienen der Zuschauer ängstlich. Nein, dazu hatten sie keinen Mut! Nein, das trauten sie sich und ihm nicht zu.

Plötzlich meldete sich ein Junge. »Ich setze mich in die Karre«, rief er, kletterte hinauf, und unter dem gespannten Schweigen der Menge schob der Mann das Kind über das Seil. Als er am anderen Ende ankam, klatschten alle begeistert Beifall. Einer aber fragte den Jungen: »Sag, hattest du keine Angst da oben?«

»O nein«, lachte der, »es ist ja **mein Vater,** der mich über das Seil schob!«

Worte wie Schlüssel

Mit meinem Gott überspringe ich Mauern.
(Psalm 18,30)

Unser Vater im Himmel.
(Matthäus 6,9)

Der Herr ist mein Licht und mein Heil; vor wem sollte ich mich fürchten?
(Psalm 31,6)

Mein Gott macht meine Finsternis hell.
(Psalm 18,29)

So spricht der Herr: Wie eine Mutter ihren Sohn tröstet, so tröste ich euch.
(Jesaja 66,13)

Herr, du mein Fels, meine Burg, mein Retter, mein Gott, meine Feste, in der ich mich berge, mein Schild und sicheres Heil, meine Zuflucht.
(Psalm 18,3)

Gott ist die Liebe.
(1 Johannes 4,16)

SMS für Freunde

Der Herr ist mein Hirte, nichts wird mir fehlen.
(Psalm 23,1)

Wie heißt Gott? Da antwortete Gott dem Mose: Ich bin der »Ich-bin-da.«
(Exodus 3,14)

6 ICH GLAUBE AN JESUS CHRISTUS

Jesus, du,
aufgewachsen in der primitiven Werkstatt
deines Vaters Josef: Ohne technische Maschinen.
Nur mit der Axt, dem Hobel, der Säge.
Ohne Gesellenbrief der Handwerkskammer,
ohne Krankenversicherung und Tarifvertrag.
Dreißig Jahre lang warst du dir nicht zu schade,
dir die Hände dreckig zu machen,
einen Tisch zu zimmern, eine Sitzbank,
ein Fischerboot zu reparieren
und gelegentlich einen Dachstuhl zu bauen,
wenn es mal einen so großen Auftrag gab.

Deine Freunde waren Fischer vom See,
Tagelöhner auf den Feldern und kleine Weinbauern.
Abhängig vom Wind und vom Wetter,
abhängig vom Bootsbesitzer und vom Eigentümer
des Weinbergs. Sie forderten pünktlich die Pacht
und zahlten oft unpünktlich den Lohn.
Du hattest einen Blick für die Arbeit
der Hausfrau, die den Sauerteig mengt
und das Brot backt. Die stundenlang sucht
nach der verlorenen Drachme, weil sie jede Mark
zweimal umdrehen muss, ehe sie sie ausgibt.
So knapp war bei euch das Geld.

Du wusstest, Jesus, dass wir nicht im Paradies leben,
sondern »Jenseits von Eden«,
dass wir »im Schweiße unseres Angesichts
unser Brot verdienen« müssen.
Du hast dies unser Leben geteilt,
auch die schweren und bitteren Stunden.

Als du dreißig warst, hast du den Ruf
deines Vaters im Himmel vernommen,
bist hinausgegangen zu den Menschen,
um ihnen zu sagen und zu zeigen,
dass Gott sie liebt.
Für die Mühseligen und Beladenen
hast du Partei ergriffen
und dich auf die Seite der Armen und Kleinen gestellt.
Wer sich selbst nicht helfen konnte,
dem hast du geholfen.
Wer selbst keine Stimme hatte,
für den hast du dich zum Sprecher gemacht.

Wer verzweifelt und ohne Hoffnung war,
dem hast du Zukunft eröffnet.
Du warst fest davon überzeugt,
dass unsere Worte und Taten,
dass unser Leisten und Versagen
nicht Gottes letztes Wort sind
für eine erlösungsbedürftige Welt.
Für diese Überzeugung hast du gelebt,
dafür bist du gestorben.
Hermann Josef Coenen

Wenn du mehr erfahren willst, lies nach bei
Lukas 5,1–11
Matthäus 20,1–16
Lukas 15,1–2,8–10
Matthäus 13,33
Lukas 10,25–37

EINES TAGES KAM EINER

T: Alois Albrecht / M: Peter Janssens
Aus: Auf Messers Schneide, 1992
Alle Rechte: Peter Janssens Musik Verlag, 48291 Telgte

1. Ei - nes Ta - ges kam ei - ner, der hat - te ei - nen Zau - ber in sei - ner Stim - me, ei - ne

Wär - me in sei - nen Wor - ten, ei - nen Charme in sei - ner Bot - schaft. Ei - nes

2. Eines Tages kam einer,
   der hatte eine Freude in seinen Augen,
   eine Freiheit in seinem Handeln,
   eine Zukunft in seinen Zeichen.

3. Eines Tages kam einer,
   der hatte eine Hoffnung in seinen Wundern,
   eine Kraft in seinem Wesen,
   eine Offenheit in seinem Herzen.

4. Eines Tages kam einer,
   der hatte einen Vater in den Gebeten,
   einen Helfer in seinen Ängsten,
   einen Gott in seinen Schreien.

5. Eines Tages kam einer,
   der hatte einen Geist in seinen Taten,
   eine Treue in seinen Leiden,
   einen Sinn in seinem Sterben.

6. Eines Tages kam einer,
   der hatte einen Schatz in seinem Himmel,
   ein Leben in seinem Tode,
   eine Auferstehung in seinem Grabe.

Vater unser im Himmel,
geheiligt werde dein Name,
dein Reich komme,
dein Wille geschehe,
wie im Himmel so auf Erden.

Unser tägliches Brot gib uns heute.
Und vergib uns unsere Schuld,
wie auch wir vergeben
unsern Schuldigern.
Und führe uns nicht in Versuchung,
sondern erlöse uns von dem Bösen.

Denn dein ist das Reich
und die Kraft
und die Herrlichkeit in Ewigkeit.
Amen.

Guter Gott, du bist uns Vater und Mutter,
dein Name ist uns
zugleich vertraut und fremd.
Wir hoffen auf eine gute Zukunft.
Lass uns Menschen immer mehr
in deinem Sinn leben
und tun, was du uns ermöglichst
im Leben und über das Leben hinaus.

Wir bitten dich, uns das zu geben,
was wir zum Leben brauchen.
Nimm uns an
mit unseren Schwächen und Fehlern.
Und hilf uns auch andere
so zu akzeptieren wie sie sind.
Bleibe bei uns, wenn wir dabei sind,
von deinem Weg abzukommen.
Lass uns die Kraft der Liebe entfalten.

Denn du bist die Hoffnung, die uns trägt,
die Macht, auf die wir bauen,
und Anfang, Ende und Ziel allen Lebens.
Amen.

*Jugendliche haben das **Vaterunser**
einmal »anders« gebetet?
Wie betest du das Vaterunser?*

7 ... GEKREUZIGT, GESTORBEN UND BEGRABEN

Schädelbruch

Da stand zu lesen: Deine Freunde vom Schillerplatz. Der Kranz bestand aus Fichtengrün, Rote Tulpen steckten darin. Und alle waren zum Begräbnis gekommen. Standen da bekümmert, hilflos, betreten in den schwarzen Lederjacken. Trugen die Sturzhelme unter den Armen. Einige kauten Kaugummi. Keinem war wohl zumute. Die Motorräder standen in einiger Entfernung zum Grab. Schwere Maschinen. Frisch gebohnert. Hochglanz.

Bosse war einer von ihnen gewesen. 18 Jahre alt. Seine Lehre als Maurer hatte er geschmissen. Nicht zu Ende gelernt. Bosse war Hilfsarbeiter geworden. Hatte noch zwei Brüder. Jünger als er.

Seine Freundin Tina war sechzehn. Sie stand auch am Grab. Auf Krücken gestützt. Pflaster im Gesicht. Blonde Haare. Sie war mit Bosse am Dienstagnachmittag gefahren, als das Motorrad im Stadtteil Osenau wegrutschte auf regennasser Straße. Tina wurde fortgeschleudert. Sie hatte nichts gesehen, nichts bemerkt. Rasend schnell war es gegangen. Tina hatte sich an Bosses Rücken geklammert. Du musst eins sein mit mir! Oft hatte er das gesagt. Du musst jede Bewegung mitnehmen, dich reinlegen, Tina!

Sechseinhalb Stunden später war Bosse auf dem Operationstisch des Leverkusener Krankenhauses gestorben. Schädelbruch. Mehrere Beinbrüche. Tödliche Verletzungen.

Tina konnte es noch immer nicht fassen. Drei Tage waren vergangen. Mit Schmerzen. Mit Grübeln. Mit Gedanken an den Tod. Warum musste es Bosse passieren? Weshalb gerade ihm? Wie oft hatte sie sich diese Frage gestellt. War in Weinkrämpfe verfallen, hatte alte Fotos von Bosse rausgekramt. Sah sein Gesicht vor sich. Hatte sich Vorwürfe gemacht. Tod? Bislang hatte er für Tina keine Rolle gespielt. Weggeschaut hatte sie, weggehört, wenn die Alten davon sprachen.

Leben – bis wir Abschied nehmen. Irgendwo hatte sie dieses gelesen: Es ist schön, in der Sonne draußen zu gehen. Es tut gut, lebendig zu sein – und bewusst zu leben.

Sätze wie diese musste sie irgendwann gehört oder aufgeschnappt haben. Sie saßen fest, ließen sich nicht mehr vertreiben.

Tina erinnerte sich, dass sie vor zwei Monaten in einem Buch geschnüffelt hatte, das ihrem Vater gehörte: »Wenn es stimmt, dass du nicht mehr lange zu leben hast, dann lass uns jeden Augenblick einer jeden Stunde gemeinsam leben. Ich liebe dich, und ich hätte mir gewünscht, dass wir zusammen alt werden.«

Der Pfarrer sprach am Grab. Gott sei Dank nicht so feierlich. Tina hörte nicht zu. Ihre Gedanken irrten fort. Sie umkreisten Bosses Kopf. Gesehen hatte Tina Bosse nicht mehr. Eingedrückt sei der Kopf gewesen. Blutig:

Bosse habe kein freches Grinsen mehr draufgehabt. Wer es gesagt hatte, wusste sie nicht mehr. In einer Zeitung hatte sie fürchterliche Verletzungen jugendlicher Motorradfahrer gesehen. Kieferverletzungen. Sie konnte nicht weggucken. Hatte eingedrückte Münder gesehen, Nasen, Gesichter, Schädelbrüche. Tina schluchzte. Freunde stützten sie. Der Pfarrer sagte Amen. Die Jungen nichts. Sie schauten auf Tina. Jeder durch Raserei getötete Motorradfahrer ist ein Toter zu viel.

Der Friedhofsarbeiter, der das Grab zuschüttete, fährt seit acht Jahren Motorrad. Er warf die letzte Schippe Erde ins Loch, steckte sich eine Zigarette an. Die Trauergäste hatten sich längst verzogen. Vor

Leiden, das zum Himmel schreit

einem halben Jahr hatte es ihn auch erwischt. Nicht, weil er gerast war, sondern weil ein Autofahrer verrückt gespielt hatte. Zwei Silberplatten steckten in seinem linken Bein.

Diese Scheißtypen rasen durch die Gegend, noch grün hinter den Ohren, aber mit voller Pulle! Weiß überhaupt nicht, was die zeigen wollen.

Gönne ihnen ja ihre heißen Öfen, aber ihre Raserei geht mir auf den Wecker. Will nicht alle über einen Kamm scheren, aber wie viele mich schon in miese Verkehrssituationen gebracht haben, in Beinahe-Unfälle verwickelten, geht auf keine Kuhhaut!

Auf der Station, auf der er gelegen hatte, befand sich ein zweiundzwanzigjähriger junger Mann. Auch er hatte einen Motorradunfall gehabt, musste immer geführt werden, weil er beide Augen verloren hatte. Der Friedhofsarbeiter warf seine Schaufel auf die Schubkarre, stapfte los. Seine Uhr zeigte zwölf. Er beschloss Mittagspause zu machen.

Werner Filmer

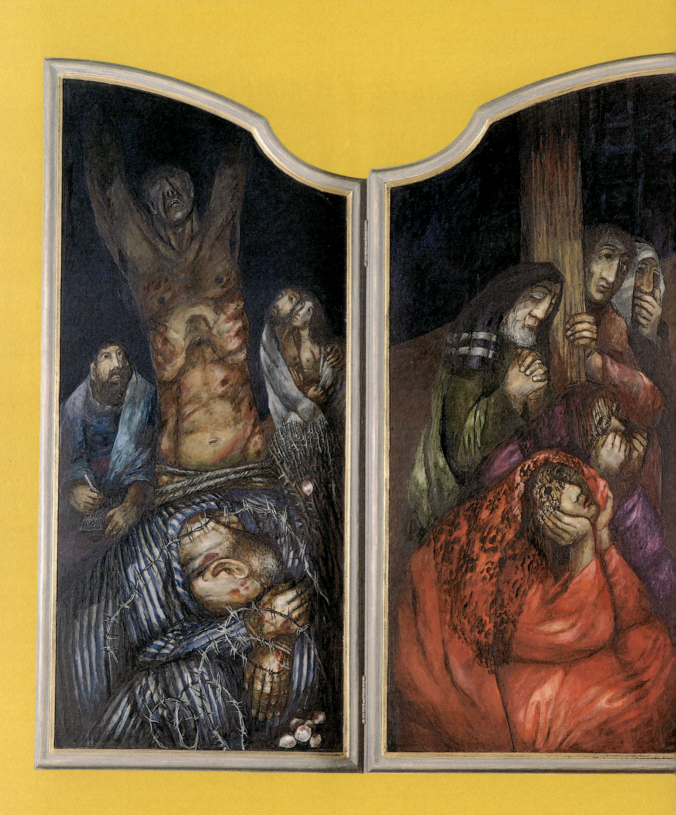

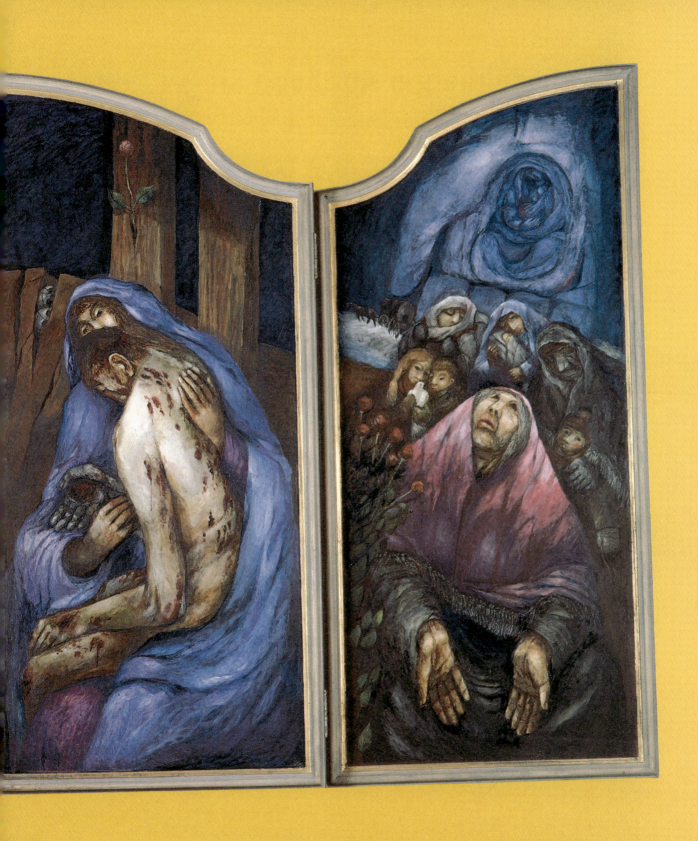

Der Rosenberger Altar von Sieger Köder

Lesehilfe für die Doppelseiten 54-55 und 64-65

Die Bilder der beiden Doppelseiten gehören zusammen. Sie bilden miteinander einen Flügelaltar, den der Künstler Sieger Köder für die Kirche im schwäbischen Ort Rosenberg gemalt hat. Wenn die Altarflügel geschlossen sind, erzählen sie von Leiden und Tod, sind sie geöffnet, künden sie vom Leben. Wenn du die Bilder entschlüsseln willst, findest du mehr dazu in folgenden Hinweisen:

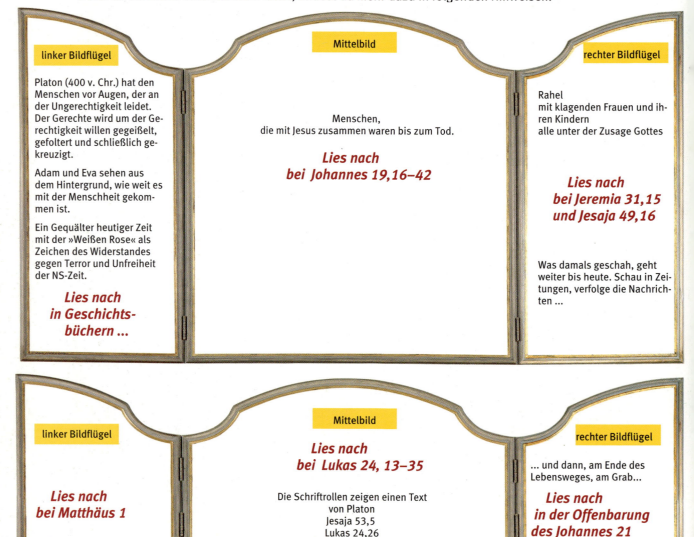

linker Bildflügel

Platon (400 v. Chr.) hat den Menschen vor Augen, der an der Ungerechtigkeit leidet. Der Gerechte wird um der Gerechtigkeit willen gegeißelt, gefoltert und schließlich gekreuzigt.

Adam und Eva sehen aus dem Hintergrund, wie weit es mit der Menschheit gekommen ist.

Ein Gequälter heutiger Zeit mit der »Weißen Rose« als Zeichen des Widerstandes gegen Terror und Unfreiheit der NS-Zeit.

Lies nach in Geschichtsbüchern ...

Mittelbild

Menschen, die mit Jesus zusammen waren bis zum Tod.

Lies nach bei Johannes 19,16–42

rechter Bildflügel

Rahel mit klagenden Frauen und ihren Kindern alle unter der Zusage Gottes

Lies nach bei Jeremia 31,15 und Jesaja 49,16

Was damals geschah, geht weiter bis heute. Schau in Zeitungen, verfolge die Nachrichten ...

linker Bildflügel

Lies nach bei Matthäus 1

Mittelbild

Lies nach bei Lukas 24, 13–35

Die Schriftrollen zeigen einen Text von Platon
Jesaja 53,5
Lukas 24,26

rechter Bildflügel

... und dann, am Ende des Lebensweges, am Grab...

Lies nach in der Offenbarung des Johannes 21

*Lass die Altarbilder mit ihren Farben auf dich wirken.
Beobachte, wie die Farben eingesetzt sind und wie sie in den verschiedenen Bildern wiederkehren.*

Kommt, folgt mir nach!
(Markus 4,19)

Worte wie Schlüssel

Geh in Frieden.
(Lukas 7,50)

Ich bin das Brot des
Lebens.
(Johannes 6,48)

Kommt alle zu mir,
die ihr euch plagt und unter Lasten stöhnt
ich werde euch Ruhe verschaffen.
(Matthäus 11,28)

Ich bin der gute Hirte.
Ein guter Hirte setzt sein
Leben für seine Schafe ein.
(Johannes 10,11)

Wo zwei oder drei
in meinem Namen zusammenkommen,
da bin ich in ihrer Mitte.
(Matthäus 18.20)

So wie ihr von den Menschen
behandelt werden möchtet,
so behandelt sie auch.
(Johannes 10,11)

Ich bin gekommen,
damit sie das Leben haben
und es in Fülle haben.
(Johannes 10,10)

Ich bin die Auferstehung und das
Leben.
(Johannes 11,25)

Ich bin der Weg,
die Wahrheit und das Leben.
(Johannes 14,6)

SMS für Freunde

Wo zwei oder drei
in meinem Namen zusammen kommen,
da bin ich in ihrer Mitte.
(Matthäus 18,20)

Euer Ja sei ein Ja,
euer Nein sei ein Nein ...
(Matthäus 5,37)

Juanas einsamer Tod

Juana ist tot. Sie ist zwanzig Jahre alt geworden. Auch in Peru ist das kein Alter, um zu sterben. Juana starb einsam. Niemand in Puerto Manoa weiß, wie ihre Eltern heißen, wo ihre Verwandten wohnen, wen man eigentlich benachrichtigen sollte. Juana ist an Blutanämie gestorben; eine Krankheit, die, wenn sie früh genug erkannt und behandelt wird, heute keine Gefahr mehr darstellt. Doch in Puerto Manoa gibt es nur einen kleinen Gesundheitsposten. Manchmal kommt eine Ärztin auf einem Motorrad aus San Gabán vorbei. Die Sprechstunde ist dann so voll, dass eine gründliche Untersuchung der Kranken schon an der Zeit scheitert – und an der schlechten technischen Ausstattung.

Vor einem Jahr war Juana nach Puerto Manoa gekommen. Sie war irgendwo im Hochland der peruanischen Anden, zwischen Macusani und Puno, aufgewachsen. Wie alle Kinder vom Volk der Quechua hatte sie Lamas und Schafe gehütet, war in einem kleinen Andendorf zur Schule gegangen und hatte von einer glücklichen Zukunft geträumt.

Die versprach Juana ein Mann, der eines Tages in ihr Dorf kam. Das Quechuamädchen landete in Puerto Manoa, einem kleinen Dorf am Osthang der peruanischen Anden, dort wo das amazonische Tiefland beginnt.

Der kleine Hafen an der Mündung des Rio San Gabán in den Rio Inambari lebt vom Wochenende, wenn hier Holzfäller, Goldsucher und Cocabauern ihre Waren verkaufen, die auf Schiffen zur brasilianischen Grenze gebracht werden. Dann erwacht Puerto Manoa zum Leben, und aus dem verschlafenen Nest wird eine Amüsiermeile, auf der sich Bars und Bordelle aneinander reihen.

Auch Juana erwachte – aus ihrem Traum. Anstatt als Köchin Geld zu verdienen, wurde die 18-Jährige als Prostituierte missbraucht. Nach einem Jahr waren ihr Körper ausgelaugt, ihre Träume verloren, sie selbst schwanger, ohne zu wissen, wer der Vater des Kindes war. Als sie erkrankte, weigerte sich ihr Chef, eine Behandlung zu bezahlen. Und die Ärztin, die mit ihrem Motorrad manchmal vorbeikam, erkannte den Ernst der Situation nicht.

Juana starb vier Wochen nach der Geburt ihrer Tochter, der sie den Namen Pilar gegeben hatte. Aus Scham und Angst verschwieg sie die Namen ihrer Eltern. Jetzt ist Juana tot, und das ganze Dorf schaut betroffen auf den roh zusammengehauenen Sarg, den man noch rasch weiß angemalt hat, als die Menschen hörten, dass der Pfarrer aus San Gabán eine Messe für die Tote hält...

»In Peru wächst derzeit vor allem eines: Die Armut«, meint der argentinische Priester. Zwei Tage nach Juanas Beerdigung starb auch ihre kleine Tochter. Die kleine Pilar ist 34 Tage alt geworden. Sie starb an Unterernährung, weil sie keine Muttermilch bekam und Ersatznahrung nicht in ausreichendem Maße vorhanden war. Zuletzt wog sie zwei Kilogramm.

Juana hatte ihre Tochter auf dem Sterbebett einer »Kollegin« anvertraut, einem 18-jährigen Mädchen, das wie sie ihren Körper an die Goldsucher verkaufte. Noch am Tag der Beerdigung verschwand diese junge Frau. Vielleicht, weil ihr die Bürde zu groß war, sich um das sterbenskranke Kind zu kümmern. Vielleicht aber auch, weil sie selbst ihre Träume hatte und verzweifelt versuchte, irgendwo eine bessere Zukunft zu finden.

Christian Frevel

Der Künstler Adolfo Pérez Esquivel, Friedensnobelpreisträger und Menschenrechtler, nimmt den ermordeten Vicente Menchu (im orangen Gewand) an die rechte Seite des auferstandenen Jesus.
Jesus, Vicente Menchu, Oscar Romero, Ita Ford, Chico Mendes u.a. sind mit den landlosen Campesinos und Campesinas unterwegs im Kampf gegen Ungerechtigkeit und Menschenrechtsverletzungen.

Freunde, dass der Mandelzweig ...

T: Schalom Ben-Chorin (nach Jeremia 1,11) / © Hänssler Verlag, D-1087 Holzgerlingen
M: Fritz Baltruweit, aus: Für heute und morgen. Liederbuch 1, 1981 / Rechte: tvd-Verlag, Düsseldorf

1. Freunde, dass der Mandelzweig wieder blüht und treibt, ist das nicht ein Fingerzeig, dass die Liebe bleibt?
2. Dass das Leben nicht verging, so viel Blut auch schreit, achtet dieses nicht gering in der trübsten Zeit.
3. Tausende zerstampft der Krieg, eine Welt vergeht. Doch des Lebens Blütensieg leicht im Winde weht.
4. Freunde, dass der Mandelzweig sich in Blüten wiegt, bleibe uns ein Fingerzeig, wie das Leben siegt.

Vicente Menchu, Guatemala

Katechist
Ermordet am 31. Januar 1980

Vicente Menchú – ein Bauer, Indianer und Katechist – setzte sich immer für seine Gemeinde ein. Gemeinsam mit seinem Sohn Patrocinio konnte er die Einrichtung einer Schule und andere Verbesserungen in seinem Dorf erreichen. Die mächtigen Herren, die den Indianern das Land rauben wollten, sahen in Vicente einen Feind. Sie denunzierten ihn als Kommunisten und als Guerillakämpfer. Nach und nach ermordeten sie seine Familie. Sein Sohn Patrocinio wurde von Soldaten gefoltert und getötet; die Leiche auf den Dorfplatz geworfen. Vicentes Frau, Juana Ium de Menchu, wurde ebenfalls gefoltert und schwer verletzt unter einem Baum abgelegt. Dort starb sie, ohne dass es irgendjemandem erlaubt wurde, in ihre Nähe zu kommen. Ihre Leiche wurde von Hunden und anderen Tieren gefressen.
Vicente selbst kam ums Leben, als die Indianer in einer friedlichen Aktion die spanische Botschaft besetzten, um die Weltöffentlichkeit auf die Geschehnisse aufmerksam zu machen.
Seine Tochter *Rigoberta Menchú* trägt das Erbe weiter. 1981 entkam sie ins Exil nach Mexiko und arbeitet dort weiter für die Befreiung ihres Volkes. Sie ist eine von vielen, die ihr Leben einsetzt, weil sie nur darin eine Möglichkeit für ein Leben in Freiheit sieht. 1992 bekam Rigoberta Menchu den Friedensnobelpreis.

8 ... AUFERSTANDEN VON DEN TOTEN

»Wenn die Rose von Jericho erblüht«

Das »Wunder« findet in einer Schale mit lauwarmem Wasser statt. In etwas mehr als einer Stunde entfaltet sich das faustgroße Knäuel aus vertrockneten braunen Zweigen in eine grüne Pflanze, deren filigranartigen Blätter eine Rosette bilden. Zuvor noch wie tot, ist die so genannte »Rose von Jericho« jetzt zu neuem Leben erwacht.

Die Pflanze zählt zu den Wüstengewächsen, die nur in der Regenzeit leben. Bei Trockenheit rollt sie sich kugelförmig zusammen, bei erneuter Wasseraufnahme entfaltet sie sich wieder. Diese Eigenschaft bleibt ihr auch in vertrocknetem, abgestorbenem Zustand erhalten. Deshalb sagt man ihr ewiges Leben nach.

Wegen ihres seltsamen Verhaltens hat man ihr auch den Namen »Auferstehungspflanze« gegeben.

Sie wird zum Symbol von Auferstehungserfahrungen im Leben des Menschen nach einer Wüstenzeit, in der vieles ausweglos erschien: Mitten am Tag ein Fest der Auferstehung.

Für Christen ist sie ein Symbol der Auferstehung nach der Nacht des Karfreitag. Deshalb wird die »Rose von Jericho« in vielen Familien von Generation zu Generation weitervererbt als Zeichen des Glaubens und der inneren Gewissheit, dass Jesus Christus nicht im Tod geblieben ist und dass auch wir einmal zu neuem Leben auferstehen werden.

In der Mitte der Nacht beginnt der neue Tag

Gräber künden vom Leben

Wenn liebe Menschen gestorben sind, dann denken wir noch oft an sie. Wir sind traurig und trauern um sie. Wir können uns mit ihrem Tod nicht abfinden.

Vielen Menschen ist es ein Bedürfnis, die Verstorbenen auf dem Friedhof »zu besuchen«, »bei ihnen zu sein«, ihr Grab zu pflegen.

Blumen, immergrüne Pflanzen, Lichter und Grabsteine zeigen, dass wir nicht für immer Abschied genommen haben. Wir haben eine Beziehung zu den Verstorbenen. Friedhöfe erzählen von unseren Erinnerungen und Hoffnungen.

Friedhöfe bringen auch zum Ausdruck, dass Menschen fragen, was nach dem Tod kommt. Die Frage nach dem Sinn des Lebens ist auch eine Frage nach dem, was über den Tod hinaus bleibt.

Moment mal

*Lass dich von diesen Gedanken anregen.
Menschen halten das, was geschehen ist, für die Gegenwart fest: Gedenktafeln, Grabsteine ...
Vielleicht nimmst du dir Zeit, auf einen Friedhof zu gehen und diese Erinnerungen auf dich wirken zu lassen.*

Meine Zeit steht in deinen Händen

T/M: Peter Strauch / Satz: Gordon Schultz
Aus: Ich will dir danken / Rechte: Hänssler Verlag, D-71087 Holzgerlingen

9 Miteinander Gottesdienst feiern

Eingeladen zum Fest des Glaubens

*Lobt Gott mit euren Festen,
lobt ihn mit euren mächtigen Taten.*

*Lobt Gott mit der Kraft eurer Hände,
lobt ihn mit der Schärfe eurer Gedanken.*

*Lobt Gott mit euren Fragen,
lobt ihn mit euren Fehlern.*

*Lobt Gott mit eurer Offenheit,
lobt ihn mit eurer Gastfreundschaft.*

*Lobt Gott mit den Worten fremder Völker,
lobt ihn mit den Klängen ferner Länder.*

*Lobt Gott mit eurem Schweigen,
lobt Gott mit allen Stimmen,
mit eurem Atem.*

*Lobt Gott mit euren Körpern.
Alt und Jung lobet den Herrn.*

Nach Psalm 150

T: Hermann Schulze-Berndt / M: Peter Janssens
Aus Elisabeth von Thüringen.
Alle Rechte: Peter Janssens Musik Verlag, Telgte

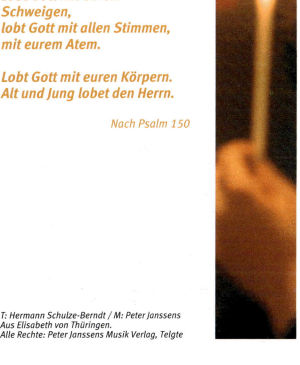

»Kreuzigung«

Diesen merkwürdigen Titel gibt Josef Beuys seinem Werk, das 1962 entstanden ist. Eine ungewöhnliche Kreuzigung. Ganz ohne das aufgerichtete Kreuz, ganz ohne Personen.

Beuys verwendet für seine Plastik Abfall- und Wegwerf-Materialien: Holzstücke, Flaschen mit Verschluss, Elektrokabel, Draht, drei quadratische Stückchen bedrucktes und bemaltes Papier, Schnüre, Nägel, eine Nadel. Das christliche Kreuz wird mit alltäglichen Gegenständen dargestellt.

Der Unterbau besteht aus splittrigen, gipsverschmierten Holzscheiten, aus dessen Mitte ein schmaler Holzbalken aufragt, flankiert von zwei säureverkrusteten Flaschen. Die Anordnung erinnert entfernt an bekannte Darstellungen der Kreuzigung, bei denen Maria und Johannes unter dem Kreuz stehen.

Die Nadel, die an einem Draht vom Balken (Kreuzesstamm) herabhängt, und die rostigen Nägel, die das Gerüst von unten stützen und zusammenhalten, verweisen auf die Leidenswerkzeuge, auf die Durchbohrung mit dem Lanzenstich und auf das Leiden Jesu.

Das blutfarbene Kreuz auf dem oben angehefteten Zeitungsfetzen lässt das Kreuzesthema anklingen; es deutet aber auch, ebenso wie die beiden Blutkonservenflaschen, auf die Symbolik des Blutes als lebensspendende Flüssigkeit. Es erinnert an die internationale Hilfsorganisation »Rotes Kreuz«, und damit an Unfälle, an Lebensgefahr, an Schmerz. Die Symbolik des Blutes ist untrennbar mit der Erfahrung des Leidens verbunden: Blut wird vergossen –, gespendetes Blut kann Leben retten!

Auch die Wortfragmente auf dem hier sichtbaren Zeitungsfetzen sind bedeutungsvoll. Sie verbinden Begriffe aus dem Bereich der Finanzen wie »effektive Zunahme« oder »Saldo« und »zurückgegangen« mit dem Begriff »Schuld« auf dem Zettel auf der rechten Flasche und einer Verlobungsanzeige auf der linken Flasche.

Die Plastik hat Gleichnischarakter. Das blutfarbene Kreuz weist hin auf Jesus am Kreuz. Er wurde das Opfer der Mächtigen – und so zur Hoffnung der Ohnmächtigen. Es verweist damit aber auch auf all diejenigen, die heute noch ans Kreuz geschlagen werden durch Unterdrückung und Hass. Es weist hin auf die, die heute ihr Leben geben, damit andere leben können.

Das Wort »Finanzen« lässt an das mörderische System von Kapital und Macht denken, in dem viele untergehen. Die Verlobungsanzeige – sie deutet hin auf die Liebe zwischen Menschen, sie macht aufmerksam auf die Liebe Jesu und seinen Auftrag: »Liebet einander wie ich euch geliebt habe« (Johannes 15,12).

Zeitungsnotiz aus Lima

Es spricht der Familienvater Porfirio X:

»Heute verdiene ich mir mein Leben, indem ich alle drei Tage einen viertel Liter meines Blutes verkaufe. Mit den 100 Intis, die sie mir dafür geben, kann ich die Milch, die meine drei Monate alte Tochter täglich braucht, kaufen. Inzwischen habe ich allerdings schwere Symptome von Blutarmut, und ich weiß nicht, wie lange sie mein Blut noch nehmen.«

Andere Lieder wollen wir singen ...

T: Alois Albrecht / M: Peter Janssens
Aus: Wir haben einen Traum, 1972 / Alle Rechte: Peter Janssens Musik Verlag, 48291 Telgte

2. Als Jesus lud zum Abendmahl, wurde das Mahl den Jüngern zum Zeichen.
   Wer vom Brote aß und vom Weine trank, nahm teil an Tod und Leben.
   Andere Lieder...

3. Wenn heute Gemeinde zusammenkommt, wird das Mahl zum Zeichen der Hoffnung.

Andere Lieder ...

...feiern das Fest der Befreiung

Das Lied auf der gegenüberliegenden Seite besingt in jeder der drei Strophen zum Ausdruck, dass Menschen aus Freude über ein Befreiungserlebnis feiern.

Das Volk Israel feiert Pessah:
das Erinnerungsmahl daran, dass Gott sie aus der Sklaverei in Ägypten herausgeführt hat in ein Land, in dem sie frei leben können.

Gepriesen bist du, Herr, unser Gott, König des Himmels und der Erde, der du uns befreit und unsere Väter aus Ägypten geführt hast, der du uns leben ließest bis zu diesem Abend, um das ungesäuerte Brot und die bitteren Kräuter zu essen.

Aus dem Pessahfestgebet über die Speisen

Jesus feiert mit seinen Jüngern das Abendmahl:
Brot und Wein werden zum Zeichen für seinen Leib und sein Blut, für seinen Tod am Kreuz. Er hat den Tod endgültig gebrochen und verhilft so dem Leben zum Sieg.

Jesus, der Herr, nahm in der Nacht, in der er ausgeliefert wurde, Brot, sprach das Dankgebet, brach das Brot und sagte: Das ist mein Leib für euch. Tut dies zu meinem Gedächtnis. Ebenso nahm er nach dem Mahl den Kelch und sprach: Dieser Kelch ist der neue Bund in meinem Blut. Tut dies, so oft ihr daraus trinkt, zu meinem Gedächtnis.

1 Korinther 11,23–24

Und so feiern wir als Kirche auch heute Eucharistie:
Zeichen und Hoffnung unserer Befreiung. Die Befreiung, die wir erfahren, schenken wir anderen Menschen weiter.

Wir danken dir, Gott, allmächtiger Vater, und preisen dich für dein Wirken in dieser Welt durch unseren Herrn Jesus Christus: Denn inmitten einer Menschheit, die gespalten und zerrissen ist, erfahren wir, dass du Bereitschaft zur Versöhnung schenkst. Dein Geist bewegt die Herzen, wenn Feinde wieder miteinander sprechen, Gegner sich die Hände reichen und Völker einen Weg zueinander suchen. Dein Werk ist es, wenn der Wille zum Frieden den Streit beendet, Verzeihung den Hass überwindet und Rache der Vergebung weicht.

Aus dem Hochgebet zum Thema »Versöhnung«

Die Emmaus-Erzählung

Am gleichen Tag waren zwei von den Jüngern auf dem Weg in ein Dorf namens Emmaus, das sechzig Stadien von Jerusalem entfernt ist. Sie sprachen miteinander über all das, was sich ereignet hatte.

Während sie redeten und ihre Gedanken austauschten, kam Jesus hinzu und ging mit ihnen. Doch sie waren wie mit Blindheit geschlagen, so dass sie ihn nicht erkannten. Er fragte sie: Was sind das für Dinge, über die ihr auf eurem Weg miteinander redet? Da blieben sie traurig stehen, und der eine von ihnen – er hieß Kleopas – antwortete ihm: Bist du so fremd in Jerusalem, dass du als Einziger nicht weißt, was in diesen Tagen dort geschehen ist? Er fragte sie: Was denn? Sie antworteten ihm: Das mit Jesus aus Nazaret.

Da sagte er zu ihnen: Begreift ihr denn nicht? Wie schwer fällt es euch, alles zu glauben, was die Propheten gesagt haben, um so in seine Herrlichkeit zu gelangen? Und er legte ihnen dar, ausgehend von Mose und allen Propheten, was in der gesamten Schrift über ihn geschrieben steht.

Erfahrungen auf dem Weg unseres Lebens

Ich bin immer unterwegs mit der Frage: »Was soll das bedeuten, wie kann ich mein Leben gestalten und verstehen?« Doch ich bin nicht allein unterwegs. Ich treffe auf Menschen, die mich begleiten, die mit mir suchen und fragen.

Im Austausch mit ihnen, im Reden und Erzählen wird mir klarer, worauf es für mich ankommt. Und wie oft enthält der Fremde, das Fremde, das Unverständliche eine wichtige Botschaft für mich.

Unser Sonntagsgottesdienst

Eröffnung

Begrüßung
Schuldbekenntnis
Kyrie
Gloria
Tagesgebet

Wortgottesdienst

Lesungen
Antwortgesang
Evangelium
Predigt
Glaubensbekenntnis
Fürbitten

So erreichten sie das Dorf, zu dem sie unterwegs waren. Jesus tat, als wolle er weitergehen, aber sie drängten ihn und sagten: Bleib doch bei uns: denn es wird bald Abend, der Tag hat sich schon geneigt. Da ging er mit hinein, um bei ihnen zu bleiben. Und als er mit ihnen bei Tisch war, nahm er das Brot und gab es ihnen.

Noch in derselben Stunde brachen sie auf und kehrten nach Jerusalem zurück, und sie fanden die Elf und die anderen Jünger versammelt. Diese sagten: Der Herr ist wirklich auferstanden und ist dem Simon erschienen. Da erzählten auch sie, was sie unterwegs erlebt und wie sie ihn erkannt hatten, als er das Brot brach.

Dann möchte ich innehalten – festhalten – ein Fest feiern – gemeinsam essen und trinken, das Leben in vollen Zügen genießen.

Wie viel Kraft und Energie ziehe ich aus diesen Stunden, Begegnungen, Erfahrungen. Und wieviel verstehe ich erst, wenn alles vorbei ist.

MAHLFEIER
Gabenbereitung
Großes Dankgebet
Vaterunser
Friedensgruß
Mahl
Schlussgebet

ENTLASSUNG
Segen
Sendung

10 Ich glaube an den Heiligen Geist

Mit Sturm und Feuersgluten

Erfüllt vom Heiligen Geist …

Als der Pfingsttag gekommen war, befanden sich alle am gleichen Ort. Da kam plötzlich vom Himmel her ein Brausen, wie wenn ein heftiger Sturm daherfährt, und erfüllte das ganze Haus, in dem sie waren. Und es erschienen ihnen Zungen wie von Feuer, die sich verteilten: auf jeden von ihnen ließ sich eine nieder. Alle wurden mit dem Heiligen Geist erfüllt und begannen, in fremden Sprachen zu reden, wie es der Geist ihnen eingab. In Jerusalem aber wohnten Juden, fromme Männer aus allen Völkern unter dem Himmel. Als sich das Getöse erhob, strömte die Menge zusammen und war ganz bestürzt; denn jeder hörte sie in seiner Sprache reden. Sie gerieten außer sich vor Staunen und sagten: Sind das nicht alles Galiläer, die hier reden? Wieso kann sie jeder von uns in seiner Muttersprache hören: Parther, Meder und Elamiter, Bewohner von Mesopotamien, Judäa und Kappadozien, von Pontus und der Provinz Asien, von Phrygien und Pamphylien, von Ägypten und dem Gebiet Libyens nach Zyrene hin, auch die Römer, die sich hier aufhalten, Juden und Proselyten, Kreter und Araber, wir hören sie in unseren Sprachen Gottes große Taten verkünden.

Alle gerieten außer sich und waren ratlos. Die einen sagten zueinander: Was hat das zu bedeuten? Andere aber spotteten: Sie sind vom süßen Wein betrunken. Da trat Petrus auf, zusammen mit den Elf; er erhob seine Stimme und begann zu reden: Ihr Juden und alle Bewohner von Jerusalem! Dies sollt ihr wissen, achtet auf meine Worte! Diese Männer sind nicht betrunken, wie ihr meint; es ist ja erst die dritte Stunde am Morgen; sondern jetzt geschieht, was durch den Propheten Joel gesagt worden ist:

In den letzten Tagen wird es geschehen, so spricht Gott:
Ich werde von meinem Geist ausgießen über alles Fleisch.
Eure Söhne und eure Töchter werden Propheten sein,
eure jungen Männer werden Visionen haben.
Auch über meine Knechte und Mägde
werde ich von meinem Geist ausgießen in jenen Tagen,
und sie werden Propheten sein.

Apostelgeschichte 2,1–18

Das ist das Fest

T: Johannes Jourdan
M: Siegfried Fietz
© ABAKUS Musik
Barbara Fietz, 35753 Greifenstein

2. Das ist das Fest, auf das die Völker warten in einer Welt, die voll Zerstörung ist.
   Herr, wandle du die Welt in deinen Garten, der für uns alle die Erhörung ist.

3. Das ist das Fest, das unsre Nächte lichtet in einer Welt, die voller Wolken ist.
   Herr lass uns sehen, was dein Wort berichtet, dass du inmitten deines Volkes bist.

4. Das ist das Fest, das unser Leben wandelt in einer Welt, die voller Sorgen ist.
   Du hast an uns so wunderbar gehandelt, dass unser Herz in dir geborgen ist.

Worte wie Schlüssel

**Dein guter Geist leite mich
auf ebenem Pfad.**
(Psalm 143,10)

**Die Weisheit
ist ein menschenfreundlicher Geist.**
(Weisheit 1,6)

**Ich hauche euch meinen Geist ein,
dann werdet ihr lebendig.**
(Ezechiel 37,14)

**Der Geist des Herrn erfüllt den Erdkreis,
und er, der alles zusammenhält,
kennt jeden Laut.**
(Weisheit 1,7)

**Ich bin voller Kraft,
ich bin erfüllt vom Geist des Herrn.**
(Micha 3,8)

**Ihr werdet die Kraft des
Heiligen Geistes empfangen.**
(Apostelgeschichte 1,8)

**Mein Geist bleibt in eurer Mitte.
Fürchtet euch nicht.**
(Haggai 2,5)

SMS für Freunde

**Wir erwarten die erhoffte Gerechtigkeit
kraft des Geistes.**
(Galater 5,5)

**Wer Ohren hat, der höre,
was der Geist
den Gemeinden sagt.**
(Offenbarung 2,7)

11 Ich glaube an den Heiligen Geist

Und es geht doch:

Einfach abheben, fliegen, frei sein – wenigstens zwei Sekunden lang.

Die anderen schauen mir zu.
Sie sehen, was ich kann.
Daheim, Schule …:
ist meilenweit weg.

WENN DER GEIST SICH REGT

Schreien vor Begeisterung. Alles rauslassen.
Nur das Dröhnen der Bässe und das Stampfen der Füße.

Der Körper vibriert.
Ich höre die eigene Stimme nicht mehr.

Eintauchen – abtauchen

Der Geist des Herrn lässt sich nieder auf ihm:
der Geist der Weisheit und der Einsicht,
der Geist des Rates und der Stärke,
der Geist der Erkenntnis und der Gottesfurcht.

Jesaja 11,2

Jesus kehrte, erfüllt von der Kraft des Geistes, nach Galiläa zurück. Und die Kunde von ihm verbreitete sich in der ganzen Gegend. Er lehrte in den Synagogen und wurde von allen gepriesen. So kam er auch nach Nazaret, wo er aufgewachsen war, und ging, wie gewohnt, am Sabbat in die Synagoge. Als er aufstand, um aus der Schrift vorzulesen, reichte man ihm das Buch des Propheten Jesaja. Er schlug das Buch auf und fand die Stelle, wo es heißt: Der Geist des Herrn ruht auf mir; denn der Herr hat mich gesalbt. Er hat mich gesandt, damit ich den Armen eine gute Nachricht bringe; damit ich den Gefangenen die Entlassung verkünde und den Blinden das Augenlicht; damit ich die Zerschlagenen in Freiheit setze und ein Gnadenjahr des Herrn ausrufe.

Lukas 4,14–19

Es gibt verschiedene Gnadengaben, aber nur den einen Geist. Es gibt verschiedene Dienste, aber nur den einen Herrn. Es gibt verschiedene Kräfte, die wirken, aber nur den einen Gott: Er bewirkt alles in allem. Jedem aber wird die Offenbarung des Geistes geschenkt, damit sie anderen nützt. Dem einen wird vom Geist die Gabe geschenkt, Weisheit mitzuteilen, dem andern durch den gleichen Geist die Gabe, Erkenntnis zu vermitteln, dem dritten im gleichen Geist Glaubenskraft, einem andern – immer in dem einen Geist – die Gabe, Krankheiten zu heilen, einem andern Wunderkräfte, einem andern prophetisches Reden, einem andern die Fähigkeit, die Geister zu unterscheiden, wieder einem andern verschiedene Arten von Zungenrede, einem andern schließlich die Gabe, sie zu deuten. Das alles bewirkt ein und derselbe Geist; einem jeden teilt er seine besondere Gabe zu, wie er will.

1 Korinther 12,4–11

Lasset uns beten, zu Gott, dem allmächtigen Vater,
dass er den Heiligen Geist herabsende auf diese jungen Christen,
die in der Taufe wiedergeboren sind zu ewigem Leben.
Der Heilige Geist stärke sie durch die Fülle seiner Gaben und mache sie durch seine Salbung
Christus, dem Sohn Gottes, ähnlich.

Gebet des Bischofs bei der Firmung

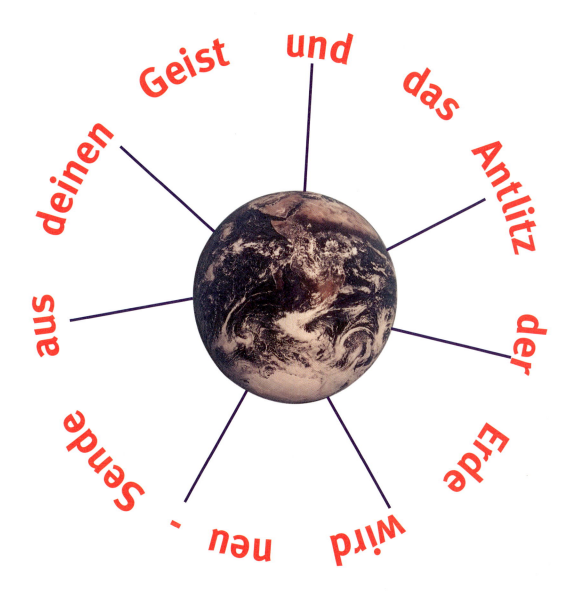

Sende aus deinen Geist und das Antlitz der Erde wird neu.

Was meinst du, welche Gaben heute für die Welt am nötigsten sind?

MÄNNER

Männer nehm'n in den Arm
Männer geben Geborgenheit
Männer weinen heimlich
Männer brauchen viel Zärtlichkeit
Männer sind so verletzlich
Männer sind auf dieser Welt
  einfach unersetzlich

Männer kaufen Frau'n
Männer stehn ständig unter Strom
Männer baggern wie blöde
Männer lügen am Telefon
Männer sind allzeit bereit
Männer bestechen durch ihr Geld
  und ihre Lässigkeit

Männer habens schwer, nehmens leicht
außen hart und innen ganz weich
werd'n als Kind schon auf Mann geeicht
Wann ist ein Mann ein Mann
Wann ist ein Mann ein Mann
Wann ist ein Mann ein Mann

Männer haben Muskeln
Männer sind furchtbar stark
Männer können alles
Männer kriegen 'n Herzinfarkt
Männer sind einsame Streiter
müssen durch jede Wand, müssen immer weiter

Männer habens schwer, nehmens leicht ...

Männer führen Kriege, Männer sind schon als Baby blau
Männer rauchen Pfeife, Männer sind furchtbar schlau,
Männer brauchen Raketen, Männer machen alles ganz genau

Wann ist ein Mann ein Mann
Wann ist ein Mann ein Mann

Männer kriegen keine Kinder
Männer kriegen dünnes Haar
Männer sind auch Menschen
Männer sind etwas sonderbar
Männer sind so verletzlich
Männer sind auf dieser Welt einfach unersetzlich

Männer habens schwer, nehmens leicht ...

Herbert Grönemeyer

*Ersetze »Männer«
jeweils durch »Ich«!
Wie wirkt das Lied
dann auf dich?
Was stimmt noch,
was stört dich?*

FRAUEN

Schlaue Frauen sind verdächtig, nehmen alles in die Hand
Schlaue Frau'n beweisen täglich ihr'n Verstand
Schlaue Frau'n schlag'n aufn Magen, müssen immer besser sein
Schlaue Frauen jagen Männern Ängste ein

Frauen machen ständig klar
Frauen lieb'n sich sonderbar
Frauen setzen alles dran
Frauen nehm'n es wie'n Mann

Starke Frauen hab'n schwache Nerven,
wollen wie ein Wunder sein
Starke Frauen trinken heimlich ganz allein
Starke Frauen sind wie Kinder, wollen Komplimente hör'n
Starke Frauen lassen sich schnell irreführ'n

Frauen sind wie im Roman
rufen immer zuerst an
Frauen suchen Zärtlichkeit
wollen was auf Ewigkeit

Starker Mann, was nun
keine Zeit mehr, was zu tun
Frauen kommen langsam
abergewaltig

Starker Mann, was nun ...

Frauen gibt man immer Küsse, hassen ihre Kompromisse
Frauen hab'n Schlankheitstick, finden sich immer zu dick
Frauen macht die Liebe blind, wünschen sich heimlich'n Kind
Frauen frag'n sich immer was, kriegen ohne Männer Spaß

Starker Mann, was nun ...

Schöne Frauen haben's leichter, hab'n die alten Trickse drauf
Schöne Frauen fängt man vor dem Fallen auf
Schöne Frau'n werd'n blöd angequatscht und billig angemacht
Schöne Frauen muss man rumkrieg'n für 'ne Nacht

Starker Mann, was nun ...

Ina Deter

*Ersetze »schlaue/starke/schöne Frauen« jeweils durch »Ich«!
Wie wirkt das Lied dann auf dich?
Was stimmt noch, was stört dich?*

Herr, mach mich zu einem Werkzeug deines Friedens

Herr, mach mich zu einem Werkzeug deines Friedens,
dass ich Liebe wage, wo man sich hasst;
dass ich verzeihe, wo man sich beleidigt;
dass ich schlichte, wo Streit ist:
dass ich die Wahrheit sage, wo Irrtum herrscht;
dass ich Hoffnung wecke, wo Verzweiflung quält;
dass ich ein Licht anzünde, wo Finsternis regiert;
dass ich Freude bringe, wo Kummer wohnt.

Herr, lass mich das Geheimnis deines Friedens erfahren;
dass ich getröstet werde, wenn ich tröste;
dass ich verstanden werde, wenn ich verstehe;
dass ich geliebt werde, wenn ich liebe.

Denn wer hingibt, der empfängt;
wer sich selbst vergisst, der findet;
wer verzeiht, dem wird verziehen;
und wer stirbt, wird nicht verloren sein.

Franziskus von Assisi zugeschrieben

Mit Leib und Seele beten –
probiere es einmal aus!

**O SIGNORE,
FA DA MI
UN INSTRUMENTO
DELLA TUA PACE**

O HERR,
    mach mich
    zum Werkzeug
    deines Friedens.

Die Handgelenke über dem Herzen kreuzen

O SIGNORE

Herz und Hände öffnen
Die Arme rund in den Raum vor sich
weiten und sinken lassen:
Wie eine leere Schale sein.

FA DI MI

Die Arme weiten sich in den Raum
zu beiden Seiten:
Umarme die Schöpfung.

UN INSTRUMENTO

Die Handflächen nach oben drehen
und die Hände heben:
Werkzeug sein, durchlässig zwischen
Himmel und Erde.

DE LA TUA

Die Handflächen zum Gesicht drehen.
Hände und Arme vor dem Gesicht.

PACE

Wieder über dem Herzen kreuzen.

12 ... DIE KATHOLISCHE UND APOSTOLISCHE KIRCHE

WIR MACHEN UNSERE KIRCHE JUNG

In der ökumenischen Gemeinschaft von Taizé ist dieses Bild von Kirche entstanden:

Die neue Kirche wird einem Gewebe gleichen, aus dem ein Muster entsteht, einem Gewebe, das ohne Modellzeichnung ständig um uns weitergewoben wird.

In diesem Gewebe kann ich ein Faden, eine Farbnuance sein. Tiefes Blau? Leuchtendes Rot? Oder vielleicht der graue Leinenfaden? Diese »dritte Farbe« – wie sie die Weber nennen – ist die wichtigste.

Das neutrale Grau des Alltags bringt das tiefe Blau und das kräftige Rot erst zum Leuchten. Dieses Grau bringt Harmonie. Es genügt, nur meine eigene Farbe zu haben und mich darüber zu freuen, damit sie Freude bringt, damit sie anderes ergänzt und nicht Rivalität birgt, als wäre ich, das Blau beispielsweise, der Feind des Grünen, als wäre ich sein Gegner.

Und die, die am Gewebe nicht mitmachen können oder nicht wollen? – Ich kann ihnen vorausgehen und ihnen Raum schaffen, damit sie ihre eigenen Fäden ins Gewebe einbringen können. Es gibt Raum für alle. Und jeder Faden trägt zur Weiterführung des Gewebes bei – nicht nur der, der zu Beginn der Arbeit über den Webrahmen gespannt wurde, sondern jeder. Reißt ein Faden, hört die ganze Arbeit sofort auf. Geduldig mühen sich die Hände der Weber, ihn wieder anzuknüpfen.

Jeder Faden, selbst der leuchtendste, kann verschwinden, in die anderen verwoben werden, zu Ende gehen. Wenn sein Ende nicht mehr erkennbar ist, tritt die Harmonie in Erscheinung. Es ist die Harmonie meiner eigenen Tönung, die sich unter die anderen Farben gemischt hat und dabei selbst verschwunden ist.

Ich weiß nicht, was aus dem Gewebe wird. Vielleicht werde ich es einmal erfahren. Eines Tages wird es zur Vollendung gelangen.

Nach Roger Schutz, Taizé

Jesus

So wie du hier auf Erden warst,
so modern und revolutionär für deine Zeit,
so müsste die Kirche sein.

Es gibt so viele Probleme für uns,
oft werde ich einfach nicht angesprochen von den Worten,
die ich da höre.

Manchmal veranstalten wir mit der katholischen Gemeinde
in unserer Gegend einen gemeinsamen Jugendgottesdienst.
Zuletzt haben wir das Weihnachten gemacht,
eine Geburtstagsparty für dich, Jesus.

Ich glaube ganz fest,
dass dir so was mehr gefällt
als die immer gleichen Gebete und Gesänge.

Wenn wir »Happy Birthday, Jesus« singen,
macht dir das bestimmt auch Spaß,
weil daraus einfach unsere Freude am Leben mit dir spricht.
Wir zeigen dir, dass du zu uns gehörst.
Jeder sollte dich so ansprechen können,
wie er es mag und wie er es empfindet.

Mit dir zusammen feiern – ich glaube,
dass so etwas ganz wichtig für das eigene Gefühl ist
und für die Vorstellung, dass Kirche froh machen kann.

Sandra Leukel

Kennst du solche Erfahrungen?
Wie erlebst du Kirche?
Wovon träumst du?

Ich träume von einer Kirche …

Ich träume von einer Kirche,
die offen ist für Jugendliche,
die ihnen zuhört,
die eine Sprache spricht,
die sie verstehen,
die ihnen Mut macht für das Abenteuer Leben,
die sich bereichern lässt von den Ideen der Jugend.

Ich träume von einer Kirche,
die verständnisvoll ist,
die an das Gute im Menschen glaubt,
die den Gescheiterten Hoffnung und Zukunft schenkt,
die Fremde aufnimmt,
die sich Asylsuchender annimmt,
die solidarisch ist mit denen,
die zu kurz kommen im Leben.

Ich träume von einer Kirche,
die sich hinterfragen lässt und
selber kritisch Fragen stellt, die aufzeigt,
wie Menschen miteinander leben können,
die ungerechte Strukturen aufbricht,
und aus dem Evangelium heraus handelt,
die sich vom Wirken des Heiligen Geistes herausreißen lässt
aus der Enge und Selbstzufriedenheit.

Ich träume von einer Kirche,
die sich einsetzt für Frieden und Gerechtigkeit,
die für Randgruppen einsteht,
die Verzweifelten weiterhilft,
die die Menschen ernst nimmt
mit ihren Sehnsüchten und Wünschen,
die mit Gott rechnet mitten im Alltag,
und stets unterwegs ist mit ihm.

Claudia Hofrichter

Ich bin der wahre Weinstock,
und mein Vater ist der Winzer.
Jede Rebe an mir,
die keine Frucht bringt,
schneidet er ab, und jede Rebe,
die Frucht bringt, reinigt er,
damit sie mehr Frucht bringt.
Ihr seid schon rein durch das Wort,
das ich zu euch gesagt habe.

Bleibt in mir,
dann bleibe ich in euch.
Wie die Rebe aus sich
keine Frucht bringen kann,
sondern nur,
wenn sie am Weinstock bleibt,
so könnt auch ihr keine Frucht bringen,
wenn ihr nicht in mir bleibt.

Ich bin der Weinstock, ihr seid die Reben.
Wer in mir bleibt
und in wem ich bleibe,
der bringt reiche Frucht;
denn getrennt von mir könnt ihr nichts vollbringen.
Wer nicht in mir bleibt,
wird wie die Rebe weggeworfen,
und er verdorrt.
Man sammelt die Reben,
wirft sie ins Feuer,
und sie verbrennen.

Wenn ihr in mir bleibt
und wenn meine Worte in euch bleiben,
dann bittet um alles, was ihr wollt:
Ihr werdet es erhalten.
Mein Vater wird dadurch verherrlicht,
dass ihr reiche Frucht bringt
und meine Jünger werdet.

Johannes 15,1–8

Moment mal

Wie die Rebe aus sich keine Frucht bringen kann, sondern nur, wenn sie am Weinstock bleibt, so könnt auch ihr reiche Frucht bringen, wenn ihr in mir bleibt.

**Was heißt das für dich?
Was heißt das für Menschen
in der Gemeinde?**

Aus den Dörfern und Städten …

T: Eugen Eckert / M: Alejandro Veciana. © Strube Verlag, München-Berlin

Kirche fängt bei mir an

97

13 ... DIE GEMEINSCHAFT DER HEILIGEN

Sabriye Tenberken – »Kelsang Meto«

wurde 1970 geboren und wuchs in der Nähe von Bonn auf. Als sie zwei Jahre alt war, wurde bei ihr eine Netzhauterkrankung festgestellt, die zur Erblindung führte. Nach Abitur und Studium (Tibetologie, Soziologie und Philosophie) reist sie mit 26 Jahren nach Tibet. Sie beginnt sich für blinde Kinder, die dort am Rande der Gesellschaft leben und teilweise sogar versteckt oder ans Bett gefesselt werden, einzusetzen. Bei einer Rundreise mit einem Pferd macht sie einige dieser Kinder ausfindig. Sie entwickelt die erste tibetanische Blindenschrift und gründet eine Blindenschule samt Berufsausbildungsprogramm für Blinde – allen Behörden und Schwarzmalern zum Trotz. Heute wird sie von tibetischen Kindern »Kelsang Meto« – »Glücksblume« genannt.

Sabriye Tenberken betont immer wieder, dass Blindsein keine Behinderung sein muss. Jede und jeder kann versuchen, den eigenen Traum zu verwirklichen.

Im Jahr 2000 wurde Sabriye Tenberken mit dem Norgall-Preis des International Women's Club und dem Charity-Bambi ausgezeichnet.

Lea Ackermann – »Schwester Courage«

wurde 1937 in Völklingen/Saar geboren. Sie macht eine Banklehre, studiert Sprachen, Theologie, Pädagogik und Psychologie. 1960 tritt sie in die Gemeinschaft der »Weißen Schwestern« ein.

Ab 1967 leitet sie eine Schule und ein Internat in Rwanda. Sie beginnt, die Schülerinnen zu motivieren, ihr Selbstbewusstsein nicht zu verstecken, sobald ein Mann auftaucht. Sie sollen Partnerinnen sein, nicht dem Manne untertan. Lea Ackermanns Weg führt dann über die Philippinen, nach Deutschland und schließlich nach Mombasa/Kenya, wo sie ihre Lebensaufgabe entdeckt:

1985 führt sie unzählige Gespräche in Bars, Hotels und Restaurants. Sie entdeckt, dass hinter der scheinbaren Fröhlichkeit der attraktiven jungen Frauen eine abgrundtiefe Traurigkeit steckt: Ihre Armut trieb sie in die Bars; die weißen Touristen verfügen über den Körper dieser verarmten Frauen.

»Es ging nicht darum, den Frauen zu sagen, es sei schlecht, was sie tun. Ich wollte, dass sie sich wertvoll fühlen, weil sie ein Geschöpf Gottes sind wie alle anderen Menschen auch.«

Lea Ackermann setzt sich in den Kopf, für diese Frauen ein Zentrum zu gründen, in dem sie eine Ausbildung in einem respektierten Beruf machen können. So können sie finanziell unabhängig werden und ihr Selbstbewusstsein und ihr Selbstwertgefühl wieder stärken. 1985 gründet sie in Kenya SOLWODI – SOLidarity with WOmen in DIstress, 1987 SOLWODI e.V. in Deutschland: Eine Anlaufstelle für Migrantinnen, illegale ausländische Arbeitnehmerinnen und ausländische Prostituierte.

Viele nennen Lea Ackermann »Schwester Courage«. Ihr kämpferisches Engagement gegen Frauenhandel wird auch in der Politik wahrgenommen. 1998 wurde sie mit dem »Preis Frauen Europas« ausgezeichnet.

Wenn der Himmel die Erde berührt

T: Reinhard Bäcker / M: Detlev Jöcker
Aus Buch, CD und MC: Da hat der Himmel die Erde berührt / Alle Rechte im Menschenkinder Verlag, 48157 Münster

2. Wenn ein Wort das Schweigen bricht
und im Leid ein Lied erklingt,
wenn das Brot den Hunger stillt
und dem Fels ein Quell entspringt ...
... dann hat der Himmel die Erde berührt
und unsre Erde den Himmel gespürt ...

3. Wenn uns Gott als Mensch erscheint
und ein Kind zum König wird,
wenn die Treue uns vereint
und ein Mensch den andern liebt ...
... dann hat der Himmel die Erde berührt
und unsre Erde den Himmel gespürt ...

4. Wenn der Tag die Nacht vertreibt
und das Eis die Sonne spürt,
wenn ein Licht den Weg uns zeigt
und die Angst die Macht verliert ...
... dann hat der Himmel die Erde berührt
und unsre Erde den Himmel gespürt ...

Martin von Tours

Martin von Tours (*316, † um 400) blickt durch. Er weiß, worauf es im Leben ankommt. Deshalb hat er bis heute eine faszinierende Ausstrahlung.

Auf eigenen Beinen stehen

Mit zwölf Jahren sucht Martin seinen eigenen Weg. Gegen den Willen seiner heidnischen Eltern lässt er sich im christlichen Glauben unterrichten. Er entdeckt Jesus: Seine Botschaft vom Reich Gottes spricht ihn an. Mit achtzehn Jahren wird er getauft.

Macht nicht ausnutzen

Als Offizier hat Martin selbstverständlich einen Knecht. Er behandelt ihn aber nicht vom hohen Ross herab, sondern ebenbürtig. So putzt er seinem Knecht ganz selbstverständlich die Stiefel. Später, als Bischof von Tours, verzichtet er auf den Bischofsthron und sitzt auf einem Hocker, wie das Hauspersonal.

Kurzentschlossen teilen

Martin trifft in einer kalten Winternacht am Stadttor von Amiens einen wohnungslosen Bettler. Spontan zieht er ein Schwert, um seinen Offiziersumhang durchzuhauen. So verschenkt er die Hälfte seines Mantels.

Den Kurs korrigieren

Als Sohn eines Offiziers tritt Martin mit fünfzehn Jahren traditionsgemäß in den kaiserlichen Militärdienst und wird Offizier in der Gardereiterei. Nach seiner Taufe lehnt er den kaiserlichen Dienst ab. Nur Jesus Christus will er noch dienen. Daher verweigert er den weiteren Militärdienst.

Kraft der Stille finden

Martin ist ein Mensch, der gern zurückgezogen lebt. Er wohnt in einer Einsiedelei. Dort kommt er zur Ruhe, sammelt sich in der Stille und findet neue Kraft im Gebet.

Sich nicht anbiedern

Begleitet von einem befreundeten Priester ist Martin einmal an der Tafel des Kaisers Maxentius zu Gast. Der Kaiser reicht ihm als Ehrengast den Trinkbecher, in der Erwartung, ihn dann von Martin gereicht zu bekommen. Martin aber reicht den Becher seinem Begleiter. Dieser ist ihm wichtiger als der Kaiser. Das zeigt er ganz offen.

Trauern und kämpfen

Martin ist zutiefst unglücklich darüber, dass ein Bischof wegen Glaubensstreitigkeiten vom Kaiser zum Tod verurteilt und hingerichtet worden war. Er kämpft mit allen Mitteln darum, solches künftig zu verhindern und setzt sich sogar mit Leuten wieder an einen Tisch, mit denen er eigentlich nichts mehr zu tun haben will.

*Wenn du die folgenden **Bibeltexte** liest und den Episoden aus dem Leben des Martin zuordnest, entdeckst du, wer hinter seinem Verhalten und seinen **Entscheidungen** stand:*

Matthäus 6,24; Johannes 13,12–17; Lukas 22,24–27; Lukas 4,16–30; Matthäus 5,21–26; Matthäus 22,15–22.

»Jeder ist ein Ausländer – fast überall«

Es gibt keine Fremden –
nur Menschen, denen ich noch nicht begegnet bin« (Talmud)

Ich bin neugierig, und ich reise gerne. Deshalb nahm ich auch bei einer Schülerreise durch die Türkei teil. Deutsche und türkische Jugendliche, die in Deutschland zur Schule gehen, waren eingeladen. Ich hatte davor kaum mit türkischen Jugendlichen zu tun, und so dachte ich, es wird bestimmt interessant.

In der Türkei habe ich mich dann gleich wohl gefühlt. Die Gastfreundschaft ist so toll. Das größte Problem war echt die Sprache, aber ein bisschen habe ich ja schon gelernt. Die türkischen Schülerinnen und Schüler hatten kein Problem, die reden alle perfekt.

Für uns Deutsche war vieles neu: das Land, die Mentalität der Leute. Die türkischen Schülerinnen und Schüler waren zum ersten Mal im türkischen Parlament.

Am besten war, dass wir so schnell Freundschaften geschlossen haben. Das Programm war schon ein bisschen voll, aber wir haben sehr viel gesehen. Und ich habe mich gewundert, dass die türkischen Mädchen keine Kopftücher tragen und dass wir nicht die ganz Zeit Döner zu essen bekamen. Tja, meine Vorurteile habe ich jetzt gründlich abgebaut. Und ich freue mich immer, wenn sich Freundinnen und Freunde von der Reise wieder melden.

Anne, 16 Jahre

Eigentlich habe ich überhaupt keine Lust mehr:
Bewerbungen losschicken und Absagen bekommen.
Manche meiner Kumpels sagen, es sei kein Wunder, wenn uns die Ausländer alle Lehrstellen wegnehmen.
Wenn ich mir so überlege, wer aus meiner Klasse schon eine Stelle hat ...
Aber wer hat denn da mehr Rechte drauf?
Kommt es wirklich darauf an, wo jemand geboren ist, welche Sprache jemand spricht und zu welchem Volk jemand gehört?

Stefan, 15 Jahre

Ich saß neulich mit meiner Freundin an der Bushaltestelle. Wir saßen einfach da und haben miteinander geredet, bis ein paar kamen, die uns voll angestarrt haben.

Einer hat meine Freundin angemacht: woher sie denn käme, und wie sie aussieht – nur weil ihre Hautfarbe ein bisschen dunkler ist. Und dabei ist sie schon hier geboren. Ihre Eltern sind vor Jahren nach Deutschland gekommen.

Die Typen haben uns nicht in Ruhe gelassen und sind immer näher gekommen. Mir ist schon ganz unheimlich geworden. Dann sagte einer zu meiner Freundin: »Mein Kumpel fühlt sich von dir belästigt«.

Gott sei Dank kam dann ein Bus, und wir sind schnell eingestiegen.
Wie soll man sich in einer solchen Situation bloß verhalten? Ich habe echt Angst um meine Freundin.

Michaela, 16 Jahre

Welche Erfahrungen hast du als Ausländerin, als Ausländer im Urlaub, beim Schüleraustausch, beim Ausländeramt, mit fremden Sprachen und fremden Sitten ...

Wo Jesus zu sehen ist …
Wo Jesus zu sehen ist …

ICH WAR FREMD UND OBDACHLOS UND IHR HABT MICH AUFGENOMMEN – ICH WAR KRANK UND IHR HABT MICH BESUCHT – ICH WAR HUNGRIG UND IHR HABT MIR ZU ESSEN GEGEBEN – ICH WAR DURSTIG UND IHR HABT MIR ZU TRINKEN GEGEBEN

ICH WAR NACKT UND IHR HABT MIR KLEIDUNG GEGEBEN

ICH WAR IM GEFÄNGNIS UND IHR SEID ZU MIR GEKOMMEN

KOMMT HER, DIE IHR GESEGNET SEID UND NEHMT DAS LAND IN BESITZ – ICH WAR FÜR EUCH BESTIMMT SEIT ERSCHAFFUNG DER WELT

... auch heute

STERNSINGEN

Eigentlich haben mich damals meine Freunde nur gefragt, weil noch jemand in ihrer Sternsingergruppe fehlte.

In der Vorbereitung erfuhr ich dann von dem pakistanischen Jungen, der jeden Tag mit seiner Mutter und seinen Geschwistern Fußbälle näht: 32 Kunstlederstücke, 650 Stiche. Wenn sie nicht nähen, gibt es nichts zu essen. Durch die Unterstützung der Sternsinger-Aktion kann er jetzt die Schule besuchen, lesen und schreiben lernen.

Wir waren drei Nachmittage unterwegs – gleich nach Neujahr ging's los. Es war eisig kalt, aber wir haben 1.012,06 DM gesammelt und hatten viel Spaß miteinander. Die meisten Leute, die wir besuchten, haben sich echt gefreut über die Lieder, die Sprüche, den Segen über der Tür und über uns. Später hörte ich, dass Sternsingen die weltweit größte Kinder- und Jugendaktion ist: ca. 500.000 Kinder und Jugendliche machen jedes Jahr mit. Einfach Klasse!

In diesem Jahr habe ich mit ein paar anderen zusammen in unserer Gemeinde die Sternsingeraktion organisiert. Wir hatten 8 Gruppen – Super Spaß – klasse Ergebnis!

Übrigens: mehr im Internet unter www.sternsinger.de

Michael, 15 Jahre

BEGEGNUNG MIT BEHINDERTEN

Angefangen hat alles mit einem Projekt in der Schule: Angesagt war Begegnung mit Schülerinnen und Schülern der Schule für geistig Behinderte – gemeinsame Freizeitgestaltung.

Zunächst war das schon komisch. Ich wusste gar nicht, wie ich mit geistig behinderten Menschen umgehen kann. Aber dann ging das doch ganz wie von selbst: Wir haben gemeinsam Musik gehört, getanzt, gekocht gegessen ...

Inzwischen ist das längst keine Schulveranstaltung mehr. Wir treffen uns gerne miteinander. Es sind richtige Freundschaften gewachsen, so ganz besondere. Und ich weiß jetzt, dass diese Jugendlichen einfach ganz normal behandelt werden wollen!

Maria, 15 Jahre

Mehr unter www.aktion.mensch.de

TAFELARBEIT

Lebensmittel vernichten geht mir gegen den Strich, vor allem, wenn ich sehe, dass viele Menschen nicht genug zum Leben haben. Deshalb mache ich mit im Tafel-Laden unserer Stadt. Gemeinsam mit anderen was tun, ist klasse! Einige von uns sammeln Lebensmittel bei Supermärkten und Lebensmittelproduzenten, andere sortieren sie, dann geben wir sie in unserem Laden an nachweislich bedürftige Menschen unserer Stadt weiter. Das ist eine sinnvolle Sache, die Leute freuen sich, und in unserem Team ist eine echt gute Stimmung. Wir haben Kundinnen und Kunden ganz verschiedener Länder und Religionen, manchmal ist es nur möglich, sich mit Zeichen zu verständigen. Wir im Mitarbeiterteam sind Leute zwischen 17 und 75 Jahren – einfach super, wie da was zusammenläuft.

Mehr unter www.tafel.de

Anke, 18 Jahre

JUGENDVERBAND

Nach unserer Firmung wurden wir von den der KLJB eingeladen, dem einzigen Jugendverband in unserer Gemeinde. Anschauen können wir uns das ja mal, dachten wir und gingen hin. Das war ganz gut, und wir kamen wieder.

Bald haben wir gespürt, dass wir ernst genommen werden. Wir können unsere Ideen einbringen; wir werden auch unterstützt, dass aus unseren Ideen was werden kann.

Wenn ich heute, 3 Jahre später zurückschaue, kann ich sagen, dass ich da ziemlich viel gelernt habe: Selbstvertrauen und Selbstbewusstsein, zusammenhalten und füreinander einstehen, improvisieren, öffentlich auftreten und Verantwortung übernehmen.

Wir sind ein richtig gutes Team geworden. Inzwischen ist es selbstverständlich, dass wir uns zu Wort melden, wenn es um Jugendliche, um unsere Gemeinde, unser Dorf, um unsere Umwelt geht. Und auch da spüren wir: es lohnt sich! Zivilcourage ist auch heute angesagt! Gemeinsam geht's leichter.

Stefan, 19 Jahre

Mehr unter www.bdkj.de

14 ... Die Vergebung der Sünden

Wieder aufrecht gehen

Der Opal

In einem Juwelierladen konnten zwei Freunde sich nicht satt genug an den Edelsteinen sehen. Sie staunten über die Vielfalt der Steine, über ihr Leuchten und Glitzern. Plötzlich aber stutzten sie. Vor ihnen lag ein gewöhnlicher Stein, matt und ohne Glanz. »Wie kommt denn der hierher?«

Diese Frage hörte der Juwelier und musste lächeln. Er sagte zu dem einen der beiden Freunde: »Nehmen Sie diesen Stein ein paar Augenblicke in Ihre Hand.« Als er später die Handfläche öffnete, strahlte der vorher glanzlose Stein in herrlichen Farben. »Wie ist das möglich?«

Der Fachmann wusste die Antwort: »Das ist ein Opal. Er braucht nur die Berührung einer warmen Hand und schon zeigt er seine Farben und seinen Glanz. Er enthält alle notwendigen Elemente des Lebens in sich: Wasser, Licht, Luft und Wärme. In der Wärme entzündet er leise und lautlos sein Licht.

Der Opal ist ein tiefes Symbol für alles Gutsein und für alles Zarte in unserem Leben. Es gibt so viele Menschen auf der Erde, arm und reich, klein und groß, gebildet und einfach, die alle nur der Berührung einer warmen Hand, eines lieben Wortes, einer kleinen Zärtlichkeit, einer helfenden Tat bedürfen, um aufzustrahlen im Licht der Freundlichkeit, um das Wunder der Zuneigung zu erfahren, um hell zu werden im Glanz einer leisen Begegnung.«

*Hast du auch einen **wertvollen Stein**?*
*Gibt es eine **Geschichte** dazu?*

Du hast die Geschichte vom Opal gelesen. Lass dich von der Geschichte anregen, über dich nachzudenken. Der Stein ist ein Bild für dein Leben.

Ich betrachte mein Leben

Der Opal enthält alle notwendigen Elemente des Lebens in sich.
Ich bin wie ein Opal. In mir sind viele Begabungen grundgelegt. Meine Fähigkeiten entfalten sich Tag für Tag, Jahr für Jahr mehr. Ich kann sie einsetzen und zum Guten nutzen. Auch in schwierigen Situationen kann ich Ideen entwickeln, wie ich weiterkommen kann.

Ich erinnere mich an die kostbaren Momente meines Lebens, in denen ich das Leben zutiefst erfuhr.
Ich erinnere mich an Momente, in denen ich schon beim Aufstehen große Dankbarkeit über meine Gesundheit empfand.

Ich betrachte mein Leben mit anderen

Menschen werden hell »im Glanz einer leisen Begegnung«. Es tut gut, von anderen Anerkennung zu spüren. Und ich kann anderen Wertschätzung schenken.
Erst in Begegnungen wird deutlich, wer wir wirklich sind. Andere zeigen mir, wer ich bin. Durch die Begegnung mit mir kommen andere zur Entfaltung.

Ich erinnere mich an Momente, in denen ich ehrlich mit mir selber war und auch anderen erzählte, was mein Leben ausmacht.
Ich erinnere mich an Momente, in denen ich zärtliche Zuwendung erfahre und mich so geben kann, wie ich bin, lachend und weinend.

ICH BETRACHTE MEIN LEBEN IN DER WELT

Der Opal ist ein Symbol für die Schöpfung. Der Opal erinnert mich daran, dass auch ich ein Teil der Schöpfung bin. Auch ich lebe von »Wasser, Licht, Luft und Wärme«.

Ich erinnere mich an Momente beim Wandern, in denen mich das Staunen über die Schönheit der Schöpfung nicht mehr losließ.
Ich erinnere mich an Momente, in denen ich für mehr Gerechtigkeit kämpfe und solidarisch bin mit denen, die ohnmächtig sind.

ICH BETRACHTE MEIN LEBEN MIT GOTT

Der Opal hat seinen Glanz nicht aus sich heraus. Der Opal ist angewiesen auf eine Hand, die ihn wärmt, um seinen Glanz zu entfalten. Mir ergeht es ähnlich. Auch ich brauche jemanden, der mich »zum Glänzen bringt«.
Gott, der mich geschaffen hat und der mein Leben hält und trägt, ist einer, der mich »zum Glänzen bringt«.

Ich erinnere mich an Momente, in denen ich feiern, tanzen, singen kann wie ein Kind, das das Vertrauen ins Leben genießt.

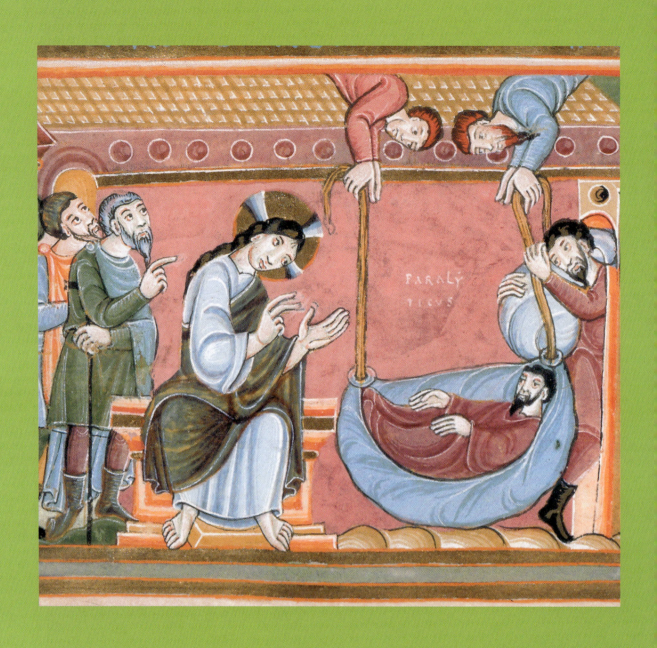

So etwas haben wir noch nie gesehen

Als Jesus einige Tage später nach Kafarnaum zurückkam, wurde bekannt, dass er zu Hause war. Und es versammelten sich so viele Menschen, dass nicht einmal mehr vor der Tür Platz war; und er verkündete ihnen das Wort.

Da brachte man einen Gelähmten zu ihm; er wurde von vier Männern getragen. Weil sie ihn aber wegen der vielen Leute nicht bis zu Jesus bringen konnten, deckten sie dort, wo Jesus war, das Dach ab, schlugen durch und ließen den Gelähmten auf seinem Bett durch die Öffnung hinab.

Als Jesus ihren Glauben sah, sagte er zu dem Gelähmten: Mein Sohn, deine Sünden sind dir vergeben! Einige Schriftgelehrte aber, die dort saßen, dachten im Stillen: Wie kann dieser Mensch so reden? Er lästert Gott. Wer kann Sünden vergeben außer dem einen Gott?

Jesus erkannte sofort was sie dachten, und sagte zu ihnen:

Was für Gedanken habt ihr im Herzen? Ist es leichter, zu dem Gelähmten zu sagen: Deine Sünden sind dir vergeben!, oder zu sagen: Steh auf, nimm dein Bett und geh umher? Ihr sollt aber erkennen, dass der Menschensohn die Vollmacht hat, hier auf der Erde Sünden zu vergeben.

Und er sagte zu dem Gelähmten: Ich sage dir: Steh auf, nimm dein Bett und geh nach Hause! Der Mann stand sofort auf, nahm sein Bett und ging vor aller Augen weg.

Da gerieten alle außer sich; sie priesen Gott und sagten: So etwas haben wir noch nie gesehen.

Markus 2,1–12

Moment mal

»Deine Sünden sind dir vergeben.«
Schuld kann bewegungsunfähig machen, Schuld **lähmt.**
Vergebung richtet auf.
Kennst du solche Situationen?
Hast du das auch schon erlebt?

So ist Versöhnung

2. Wie ein Regen in der Wüste, / frischer Tau auf dürrem Land, / Heimatklänge für Vermisste, / alte Feinde Hand in Hand. / Wie ein Schlüssel im Gefängnis, / wie in Seenot »Land in Sicht«, / wie ein Weg aus der Bedrängnis, / wie ein strahlendes Gesicht.

3. Wie ein Wort von toten Lippen, / wie ein Blick, der Hoffnung weckt, / wie ein Licht auf steilen Klippen, / wie ein Erdteil, neu entdeckt. / Wie der Frühling, wie der Morgen, / wie ein Lied, wie ein Gedicht, / wie das Leben, wie die Liebe, / wie Gott selbst, das wahre Licht.

T: Jürgen Werth
M: Johannes Nitsch
Rechte: Hänssler Verlag, D-71087 Holzgerlingen

Lasst euch mit Gott versöhnen.
(2 Korinther 5,20)

Worte wie Schlüssel

Ihr sind viele Sünden vergeben,
weil sie so viel Liebe gezeigt hat.
(Lukas 8,47)

Ich schenke ihnen ein neues Herz
und einen neuen Geist.
(Ezechiel 11,19)

Solange ich meine Schuld verschwieg,
waren meine Glieder matt,
den ganzen Tag musste ich stöhnen.
(Psalm 32,3)

Ich verzeihe ihnen die Schuld,
an ihre Sünde denke ich nicht mehr.
(Hebräer 8,12)

Wer von euch ohne Sünde ist,
werfe als Erster einen Stein.
(Johannes 8,9)

Soweit der Aufgang entfernt
ist vom Untergang,
soweit entfernt Gott
die Schuld von uns.
(Psalm 103,12)

SMS für Freunde

Erbarme dich meiner, Herr,
denn ich habe vor dir gesündigt.
(Psalm 51)

Unsere Schuld
ist zu groß für uns.
Du wirst sie vergeben.
(Psalm 65,4)

15 So möchte ich glauben

Ich glaube
an Gott, den Vater,
den Allmächtigen,
den Schöpfer des Himmels und der Erde,

und an Jesus Christus,
seinen eingeborenen Sohn, unsern Herrn,
empfangen durch den Heiligen Geist,
geboren von der Jungfrau Maria,
gelitten unter Pontius Pilatus,
gekreuzigt, gestorben und begraben,
hinabgestiegen in das Reich des Todes,
am dritten Tage auferstanden von
den Toten,
aufgefahren in den Himmel;
er sitzt zur Rechten Gottes
des allmächtigen Vaters;
von dort wird er kommen,
zu richten die Lebenden und die Toten.

Ich glaube an den Heiligen Geist,
die heilige katholische Kirche,
Gemeinschaft der Heiligen,
Vergebung der Sünden,
Auferstehung der Toten
und das ewige Leben.

Amen.

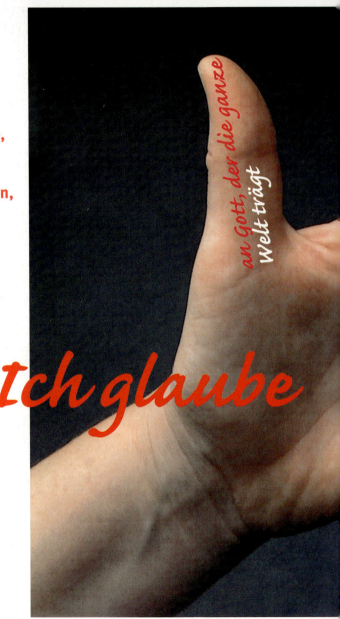

an Gott, der die ganze Welt trägt

Ich glaube

Wenn mein Glaube Hand und Fuss bekommt

an Jesus Christus,
der den Menschen zeigt,
was Leben ist.

an den Heiligen Geist,
der uns zum Guten anstiftet.

an den Frieden, den die Welt
so notwendig braucht

dass sich das Leben lohnt.

Ich glaube,
dass es einen Gott gibt,
der immer bei mir ist.
Er gibt mir Hoffnung,
wenn ich
nicht mehr weiterweiß.
Er tröstet mich,
wenn ich traurig bin.
Und: Er gibt mir das Gefühl,
nicht allein zu sein.
Ich denke,
ohne meinen Glauben an Gott
käme ich mir irgendwie
verloren vor,
und wahrscheinlich wäre ich
dann lange
nicht so glücklich,
wie ich es jetzt bin.

Eine Jugendliche, 10. Klasse

Ich glaube und ich halte mich fest an ...
Ich glaube und ich halte mich fest an ...

*Zeichne deine Hand auf diese Seite. Schreibe in die Finger, woran du glaubst, woran **du dich festhältst**.*

Ich will eintreten für …

*Klebe den **Umriss** deines **Fußes** auf diese Seite.
Schreibe hinein, wofür du dich einsetzen willst, was dir **wichtig** ist,
wofür du **Schritt für Schritt eintreten** willst.*

In einem Brief zum 16. Geburtstag ihrer Nichte schreibt Ita Ford:

Gestern habe ich ein Mädchen von 16 Jahren gesehen, das vor wenigen Stunden ermordet worden war. Ich kenne noch eine ganze Menge junger Jugendlicher, die ermordet wurden. Wir erleben eine für Jugendliche schreckliche Zeit in El Salvador. Viel Idealismus und Engagement wird hier heute vernichtet. Die Gründe, weswegen sie umgebracht wurden, sind sehr vielfältige, aber es gibt einige einfache und klare Wegweiser. Einer dieser Wegweiser ist es, eine Lebensaufgabe gefunden zu haben, der man sich selber hingegeben hat, für die man kämpfen, ja sogar sterben kann. Ihnen ist nicht wichtig, dass sie 16 Jahre oder 60 Jahre oder 90 Jahre alt werden, ihr Leben hat eine Aufgabe gehabt und in vieler Hinsicht sind sie Menschen geworden, die ihr Leben vollendet gelebt haben.

Ihr in Nordamerika erleidet nicht das gleiche Drama wie wir in El Salvador. Aber es gibt ähnliche Erfahrungen, die zur Wahrheit drängen, gleichgültig, wo sich einer aufhält oder welches Alter er hat. Ich wünsche dir, dass du die Wahrheit findest, die deinem Leben einen tiefen Sinn gibt: Etwas, für das es sich lohnt zu leben, etwas, für das es sich vielleicht sogar lohnt, zu sterben, etwas, das dich in Bewegung versetzt, dich vom Stuhl reißt und dir Mut macht, geradeaus voranzugehen. Ich kann dir nicht sagen, was das für dich sein könnte. Du selber musst es entdecken, dich dafür entscheiden und dich ganz darauf einlassen. Wohl kann ich dich ermutigen und unterstützen, danach zu suchen. Vielleicht klingt das seltsam, abgehoben und vielleicht redet niemand anders mit dir auf diese Weise. Aber ich erlebe und erfahre halt Dinge, die andere Menschen deiner Umgebung nicht erleben und erfahren. Ich wünsche dir, du mögest nie deine Gaben und die guten Gelegenheiten verpassen, dich selber und andere glücklich zu machen. Dies ist mein Geschenk zu deinem Geburtstag. Wenn du heute nicht zu erkennen vermagst, was es für dich bedeutet, dann bewahre es auf und lies es zu einem anderen Zeitpunkt noch einmal.
Es könnte sein, dass es dann klarer zu dir spricht.

Ita Ford

wurde 1940 in Brooklyn, New York geboren.
1971 trat sie in den Orden der Maryknoll-Schwestern ein. Zwei Jahre später ging sie nach Chile und erlebte dort mit, wie der Aufbau einer Demokratie brutal zerstört wurde.
Später ging sie nach El Salvador und trat dort ein für die Menschen, die vor dem Militär flüchten mussten.
Am 2. Dezember 1980, wenige Monate nach der Ermordung Oscar Romeros, wurde sie mit drei weiteren nordamerikanischen Ordensschwestern verschleppt und ermordet.
Der Künstler Adolfo Pèrez Esquivel nimmt sie ebenfalls an die Seite des Auferstandenen (S.60) von Jesus aus die Dritte links in der hinteren Reihe.

EINES NACHTS HATTE ICH EINEN TRAUM:

Ich ging mit Gott am Strand entlang.
Vor meinen Augen zogen Bilder aus meinem Leben vorüber. Und für jedes Bild entdeckte ich Fußspuren im Sand. Manchmal sah ich die Abdrücke von zwei Paar Füßen, dann wieder nur von einem Paar.

Das verwirrte mich, denn ich stellte fest, dass immer dann,
wenn ich unter Angst, Sorge oder dem Gefühl des Versagens litt,
nur die Abdrücke von einem Paar Füßen zu sehen waren
Deshalb wandte ich mich an Gott:

»Du hast mir versprochen, du würdest immer mit mir gehen.
Ich sehe aber in den Tagen meiner größten Not nur eine einzige Fußspur.
Warum hast du mich immer dann allein gelassen,
wenn ich dich am dringendsten brauchte?«

Da antwortete er: »**Nie ließ ich dich allein.**
Wo du nur ein Paar Spuren im Sand erkennst, da habe ich dich getragen.«

16 DAS SAKRAMENT DER FIRMUNG

Der Bischof breitet die Hände über euch aus und bittet um das Kommen des Heiligen Geistes:

»*Allmächtiger Gott, Vater unseres Herrn Jesus Christus, du hast diese (jungen) Christen (unsere Brüder und Schwestern) in der Taufe von der Schuld Adams befreit, du hast ihnen aus dem Wasser und dem Heiligen Geist neues Leben geschenkt. Wir bitten dich, Herr, sende ihnen den Heiligen Geist, den Beistand. Gib ihnen den Geist der Weisheit und der Einsicht, des Rates, der Erkenntnis und der Stärke, den Geist der Frömmigkeit und der Gottesfurcht. Durch Christus, unsern Herrn.*«

Der Bischof legt dir die Hand auf.

SEI BESIEGELT DURCH DIE GABE GOTTES, DEN HEILIGEN GEIST

Der Bischof zeichnet mit Chrisam ein Kreuz auf deine Stirn und spricht dich mit deinem Vornamen an:

»*N, sei besiegelt durch die Gabe Gottes, den Heiligen Geist.*«

Du antwortest:

»*Amen*«.

Während der Firmung legt der Pate/die Patin die rechte Hand auf deine Schulter.

Im Anschluss an die Firmung reicht dir der Bischof zum Friedensgruß die Hand und sagt:

»*Der Friede sei mit dir.*«

Von Gott gesalbt –
ein Mensch mit königlicher Würde

Der Herr sagte zu Samuel: Wie lange willst du noch um Saul trauern? Ich habe ihn doch verworfen; er soll nicht mehr als König über Israel herrschen. Fülle dein Horn mit Öl, und mach dich auf den Weg! Ich schicke dich zu dem Betlehemiter Isai; denn ich habe mir einen von seinen Söhnen als König ausersehen. Samuel erwiderte: Wie kann ich da hingehen? Saul wird es erfahren und mich umbringen. Der Herr sagte: Nimm ein junges Rind mit, und sag: Ich bin gekommen, um dem Herrn ein Schlachtopfer darzubringen. Lade Isai zum Opfer ein! Ich selbst werde dich dann erkennen lassen, was du tun sollst: Du sollst mir nur den salben, den ich dir nennen werde. Samuel tat, was der Herr befohlen hatte. Als er nach Betlehem kam, gingen ihm die Ältesten der Stadt zitternd entgegen und fragten: Bedeutet dein Kommen Frieden? Er antwortete: Frieden. Ich bin gekommen, um dem Herrn ein Schlachtopfer darzubringen. Heiligt euch, und kommt mit mir zum Opfer! Dann heiligte er Isai und seine Söhne und lud sie zum Opfer ein. Als sie kamen und er den Eliab sah, dachte er: Gewiss steht nun vor dem Herrn sein Gesalbter. Der Herr aber sagte zu Samuel: Sieh nicht auf sein Aussehen und seine stattliche Gestalt, denn ich habe ihn verworfen; Gott sieht nämlich nicht auf das, worauf der Mensch sieht. Der Mensch sieht, was vor den Augen ist, der Herr aber sieht das Herz. Nun rief Isai den Abinadab und ließ ihn vor Samuel treten. Dieser sagte: Auch ihn hat der Herr nicht erwählt. Isai ließ Schima kommen. Samuel sagte: Auch ihn hat der Herr nicht erwählt. So ließ Isai sieben seiner Söhne vor Samuel treten, aber Samuel sagte zu Isai: Diese hat der Herr nicht erwählt. Und er fragte Isai: Sind das alle deine Söhne? Er antwortete: Der jüngste fehlt noch, aber der hütet gerade die Schafe. Samuel sagte zu Isai: Schick jemand hin, und lass ihn holen; wir wollen uns nicht zum Mahl hinsetzen, bevor er hergekommen ist. Isai schickte also jemand hin und ließ ihn kommen. David war blond, hatte schöne Augen und eine schöne Gestalt. Da sagte der Herr: Auf, salbe ihn! Denn er ist es. Samuel nahm das Horn mit dem Öl und salbte David mitten unter seinen Brüdern. Und der Geist des Herrn war über David von diesem Tag an. Samuel aber brach auf und kehrte nach Rama zurück.

1 Samuel 16, 1–13

DER HERR SEGNE DICH

Der Herr sei vor dir,
   um dir den rechten Weg zu zeigen.

Der Herr sei neben dir,
   um dich in die Arme zu schließen
   und dich zu schützen.

Der Herr sei hinter dir,
   um dich zu bewahren
   vor der Heimtücke böser Menschen.

Der Herr sei unter dir,
   um dich aufzufangen, wenn du fällst,
   und dich aus der Schlinge zu ziehen.

Der Herr sei in dir, um dich zu trösten,
   wenn du traurig bist.

Der Herr sei um dich herum,
   um dich zu verteidigen,
   wenn andere über dich herfallen.

Der Herr sei über dir,
   um dich zu segnen.

So segne dich der gütige Gott.

Quellenverzeichnis

1/3	Fotos: The Image Bank/David de Lossy (vgl. Umschlag)
4/5	Foto: Presse-Bild-Poss, Siegsdorf/Obb.
7	Foto: (li.) Mauritius, Mittenwald; (re.) KNA, Bonn
8/9	Foto: Getty Images – Stone/Sean Murphy
9	Aus: Neue Texte für den Gottesdienst, Heft 8. Lutherisches Verlagshaus, Hannover
10	Aus: Michael Ende, Momo. © 1973 by K. Thienemanns Verlag, Stuttgart-Wien – Zeichnung aus: Themenhefte Gemeindearbeit, Weggemeinschaften. Gemeinsam gegen winterliche Kälte in der Kirche. Bergmoser + Höller Verlag, Aachen 1990
14	Rechte beim Autor (Schluss des Gedichts leicht verändert) – Zeichnungen: Schlüsselbund (li.): Eva Amode, München; Schlüsselbund/Handy: Andreas Dorfey, München
16	Aus: Schenke Dir Zeit. Evangelischer Presseverband f. Baden, Karlsruhe 2. Aufl. 1993
16/17	Foto: Getty Images – Stone/Val Corbett
18	Aus: Sämtliche Werke. © Insel Verlag, Frankfurt am Main 1955
18/19	Foto: Getty Images – Stone/Dietrich Rose
20	Aus: Junge Zeit 5/1991 – Foto: (o.) Mauritius, Mittenwald; (u.) Peter Santor, Karlsruhe
21	Foto: (o.) Mauritius, Mittenwald; (u.) KNA, Bonn
22	Foto: epd, Frankfurt
24	Foto: Getty Images – Stone/Gary Vestal
25	Aus: James Aggrey, Der Adler, der nicht fliegen wollte. Illustrationen von Wolf Erlbruch. Peter Hammer Verlag, Wuppertal 4. Aufl. 1998
26	Aus: Dietrich Bonhoeffer, Widerstand und Ergebung. © Chr. Kaiser/Gütersloher Verlagshaus, Gütersloh – Foto: epd, Frankfurt
27	Liedtitel: Von guten Mächten wunderbar geborgen
28	Foto: Getty Images – Bavaria
29	Fallbeispiel 1 und 3 nach: Hans Reiner, Gruppenstunden mit einem Thema. Bernward-Verlag, Hildesheim 1988, M 10 – Fallbeispiel 2: Auszug aus einem Interview von H. Engelbrecht in BRAVO, in: Otmar Schnurr, Aberglaube. Kösel-Verlag, München 1988
30/31	Aus: Wolfgang Endres, Der große Punkt. Bewusst erleben. Ein phantastisches Bilderbuch. Mit Bildern von Markus Olivieri. Kösel-Verlag, München 1986; Zeichnung leicht verändert
32	Emil Homolka, Taufe der Lydia. Bronzeplastik 1974. Helmstedt, St. Marienberg. Foto: Maria Hundsdörffer, Celle
33	Vom Durst nach Leben. Quelle unbekannt
34	Foto: Peter Santor, Karlsruhe
35	Zeichnung: Eva Amode, München
36	Aus: Jutta Schnitzler-Forster (Hrsg.), Und plötzlich riecht's nach Himmel. Schwabenverlag, Ostfildern 4. Aufl. 1999 – Foto: Getty Images – Stone/Zigy Kaluzny
37	Originaltitel des Liedes: I Got You
38	Aus: Manfred Fischer, Niedergefahren zur Erde. Quell Verlag, Stuttgart 3. Aufl. 1980
39	Emil Nolde, Der große Gärtner, 1940. Öl auf Leinwand (71 x 56,5 cm). Museum Sprengel, Hannover (Urban 1234). © Nolde-Stiftung, Seebüll. Mit Gen. der Nolde-Stiftung, Seebüll
40	Anregungen für die Zeichnungen nach: Origami Papierfalten. Ravensburger Buchverlag Otto Maier, Ravensburg 1991
41	Auguste Rodin, Die Hand des Schöpfers (La Main de Dieu), 1898. Marmor (94 x 82,5 x 54,9 cm). Paris, Musée Rodin
42	Rechte beim Autor
43	Aus: Dagmar Reitenberger-Hamidi, Die 99 schönsten Namen Gottes im Islam. Erfahrungen aus der Praxis, in: ru. Ökumenische Zeitschrift für die Praxis des Religionsunterrichts, Heft 4/92
44	Fundort: M.-A. Behnke/M. Bruns/R. Ludwig, Kinder feiern mit. Lesejahr A. Bernward-Verlag, Hildesheim 1983
44/45	Foto: Mauritius, Mittenwald
46	Aus: Hermann Josef Coenen, In Ninive und anderswo. Meditationen. Patmos Verlag, Düsseldorf 1989
46/47	Foto: The Image Bank/Stephen Wilkes
48	Arnulf Rainer, Christusgesicht, 1984. Rechte beim Künstler
49	Alfred G. Seidel, Der Verspottete, 1992. Rechte beim Künstler
50/51	Foto: Presse-Bild-Poss, Siegsdorf/Obb.
52	Rechte beim Autor
53	Foto: Albert Kosnopfel, Böhmenkirch
54/55	Sieger Köder, Rosenberger Altar (Ausschnitte: Der gekreuzigte Gerechte; Menschen unterm Kreuz; Karfreitagabend; Rahel weint um ihre Kinder). © Sieger Köder
58	Aus: Blickpunkt Lateinamerika 2/2000, hrsg. von

	Bischöfliche Aktion Adveniat (gekürzt) – Bild: Ausschnitt aus S. 59
59	José Vargas, Hoffnung siegt. Aus: Tocando la realidad. Realistische Aquarelle aus Bolivien, hrsg. von Frank Weber
60	Misereor-Hungertuch aus Lateinamerika von A.P. Esquivel. © 1992, Misereor Medienproduktion, Aachen
62/63	Fotos: Albert Kosnopfel, Böhmenkirch
64/65	Sieger Köder, Rosenberger Altar (Ausschnitte: Geburt Jesu; Emmaus; Auferstehung). © Sieger Köder
66	Foto: Mauritius, Mittenwald
68	Foto: KNA, Bonn
69	Übersetzung des Psalms: Uwe Seidel, in: Hanns Dieter Hüsch/Uwe Seidel, Ich stehe unter Gottes Schutz. Psalmen für Alletage. tvd-Verlag, Düsseldorf 4. Aufl. 1999, 108 – Foto: KNA, Bonn
70	Joseph Beuys, Kreuzigung, 1962/1963. Staatsgalerie Stuttgart. © VG Bild-Kunst, Bonn 2001
71	Zeitungsnotiz aus Lima, in: Cristy Orzechowski, Hoffnungsträume. Meditationstexte aus Lateinamerika. Otto Müller Verlag, Salzburg 1988
74/75	Grafische Gestaltung: Andreas Dorfey, München
76	Fotos: Mauritius, Mittenwald
77	Foto: (o.) Getty Images – Stone/Warren Bolster; (u.) Getty Images – Bavaria
79	Pablo Picasso, Friedenstaube, 1959. © VG Bild-Kunst, Bonn 2001
82	Foto: epd, Frankfurt
83	Foto: Photo Selection, Hamburg/Manfred Becker
84/85	Foto: Kösel-Archiv
86	Text/Musik: Herbert Grönemeyer. © Kick MV/Grönland MV – Foto: Ilse Weidenbacher, München
87	© Ina Deter/Mubi Musik, Köln – Foto: Ilse Weidenbacher, München
88/89	O Signore, nach einer Idee aus: Willigis Jäger/Beatrice Grimm, Der Himmel in dir. Kösel-Verlag, München 2001 – Zeichnungen: Andreas Dorfey, München
90	Foto: Albert Kosnopfel, Böhmenkirch (Gobelin Webbild v. Sr. Maria G. Schwinde/Edith Stein Karmel, Tübingen)
92	Aus: Sandra Leukel, Hallo Jesus, ich stell mir vor …, nach einer Idee von Maria Oberle. © Kiefel Verlag GmbH, Wuppertal/Gütersloh 1993
93	Rechte bei Autorin
94	Ikone. Privatbesitz
97	Foto: (li.) Südd. Bilderdienst (DIZ), München; (re.) KNA, Bonn
98	Foto: (o.) Umschlagmotiv des Titels Sabriye Tenberken, Mein Weg führt nach Tibet. Verlag Kiepenheuer & Witsch, Köln 2000. © Paul Kronenberg; (re.) © Ina-Maria v. Ettinghausen
100	Heiliger Martin. Oberschwaben um 1440. Rottenburg, Diözesanmuseum
101	Ausschnitt aus Bild S. 100
102	Foto: Getty Images – Bavaria/VCL
102	Foto: Getty Images – Bavaria/VCL
103	Foto: (li.o./u.) Mauritius, Mittenwald; (re.) KNA, Bonn
104	Grafik: Elisabeth Färber
105	Foto: KNA, Bonn
	Quelle unbekannt
106	Foto: Olaf Medenbach, Witten
107	Quelle unbekannt
108/	Texte (kursiv) nach einer Idee von Pierre Stutz –
109	Foto: Ilse Weidenbacher, München
110	Heilung des Gelähmten. Aus: Codex Aureus. Das goldene Evangelienbuch von Echternach, um 1030. Nürnberg, Germanisches Nationalmuseum (Inv.-Nr. Hs 156142 fol 53v)
114/	Foto:
115	KNA, Bonn
115	Credo einer Schülerin der Klasse 10b der Bischöflichen Canisiusschule Ahaus. Der Text entstand während einer Unterrichtsreihe »Gott – jenseits des Denkens …« im Fach katholische Religion, in: Publik Forum 11/2000
118	Text/Bild aus: Ökumenische Jugendaktion Misereor 1992
119	Quelle unbekannt – Foto: Thomas Pinzka, Erlangen
120/	Fotos:
121	Claudia Hofrichter, Ergenzingen
122	Foto: Augen
123	Foto: Presse-Bild-Poss, Siegsdorf/Obb.
124	Presse-Bild-Poss, Siegsdorf/Obb.

Die biblischen Texte sind nach der Einheitsübersetzung der Heiligen Schrift zitiert. © Katholische Bibelanstalt Stuttgart